Andy Lyebhart

… wohnt in Weida, Thüringen,
träumt gerne und viel.
Er schreibt schon seit seiner Schulzeit,
und hofft irgendwann einmal
eines seiner Bücher in den Regalen
eines Buchhändlers zu entdecken.

Andy Lyebhart

Das Verlangen der Lotosblume

ein erotischer Liebesroman

www.tredition.de

© 2020 Andy Lyebhart
Coverzeichnung: Major Williams
Bilder: Silvia N.

Verlag & Druck:
tredition GmbH, Halenreie 40-44, 22359 Hamburg

ISBN
Paperback: 978-3-347-22031-7
e-Book: 978-3-347-22032-4

Diese Geschichte ist ein Werk reiner Fantasie. Sämtliche Ähnlichkeiten mit realen Personen, Handlungsabläufen und Orten sind rein zufällig und waren nicht vom Autor beabsichtigt.

Sehr geehrte Leserin, sehr geehrter Leser!

Ich möchte mich ganz herzlich bei Ihnen dafür bedanken, dass Sie mit diesem Buch nun den Nachfolger und zweiten Teil meines Erstlingswerkes „Das Phönix-Herz - neu entflammte Leidenschaft" erworben haben. Vermutlich kennen Sie das soeben erwähnte Buch und wollten gerne wissen, wie wahrscheinlich auch einige andere Leser, wie die Geschichte um Jana, Johannes und Jackie denn weitergeht. Falls Sie es noch nicht kennen, sollten Sie eventuell zuerst doch lieber noch den ersten Teil lesen, um die Hintergründe dieses Buches vollends zu verstehen.

Ich gebe zu, dass ich dem ersten Teil ursprünglich einfach nur ein offenes Ende verpassen wollte. Ich war mir sicher, dass sich interessierte Leser schon selber eine Fortsetzung ausdenken würden. Dies habe ich persönlich tatsächlich schon manchmal gemacht.

Allerdings muss ich ebenfalls eingestehen, dass die ganze Geschichte und die Überlegung, was wohl geschehen könnte, mich selber sehr beschäftigte. Von der Frage, wie es weitergehen könnte, ganz zu schweigen.

Ich denke, dass meine Art es Schreibens, bei der

ich zuerst einen Plot festlege, und diesem dann folge, sich nicht sehr von der Arbeitsweise anderer Autoren unterscheidet. Jedoch überrascht es mich oftmals selber, was ich auf dem vorgefertigten Weg hin und wieder noch geschehen lasse.

Dieser Überraschungseffekt war dann auch der ausschlaggebende Faktor, der mich dazu brachte, die Geschichte um das Phönix-Herz doch noch fortzusetzen.

Ein offenes Ende ist zwar nicht zu verachten. Aber die Neugier, dieses bohrende Fragen im Hinterkopf, welches immer wieder nach einer Antwort verlangt, das kann man dann doch nicht einfach wegdenken.

"Wie geht es weiter?"

"Wie reagiert Johannes denn nun auf diesen Vorschlag von Jana?"

Diese und andere Fragen waren es, die mich beschäftigten.

Auch haben einige Nachfragen der Leser meines Erstlingswerkes in mir die Überzeugung geweckt, dass ich die Geschichte so einfach nicht enden lassen sollte. Wenngleich ich zuerst ein wenig skeptisch war, da ich mit solchen Reaktionen an sich überhaupt nicht gerechnet hatte, so muss ich wirklich zugeben, dass ich jedes einzelne Kompliment sehr genossen habe.

Auch die Umschreibung eines meiner Leser, welcher zugleich auch die erste offizielle Rezension zu „Das Phönix-Herz - neu entflammte Leidenschaft" verfasste, hat mich sehr berührt.

„Authentisch, spannend und absolut romantisch" schrieb er. Ebenso bezeichnet er mich als „Romantiker", was wohl tatsächlich zutrifft, und meinen Schreibstil in dem Buch sehr beeinflusst hat. Und er schrieb, dass er sich „über eine Fortsetzung sehr freuen" würde. Von anderen Lesern habe ich diese Worte ebenfalls mit Freuden vernommen. Und diesen Wunsch habe ich ja mit dem Schreiben dieses zweiten Teiles erfüllt.

Aus diesen und einigen weiteren Gründen halten Sie nun also dieses Buch in Ihren Händen. Und ich wünsche Ihnen viel Vergnügen beim Lesen.

Andy Lyebhart

Weida, Dezember 2020

Prolog

Es war gegen zwanzig Uhr dreißig, am Dienstagabend. Die Zeiger der Wanduhr schienen sich durch die andauernde Sommerhitze nur schleppend bewegen zu wollen. Trotz der fortgeschrittenen Stunde war es immer noch drückend warm, verharrte die Temperaturanzeige stur im Bereich zwischen dreißig und zweiunddreißig Grad Celsius.

Als Jaqueline „Jackie" Winter die Tür zu ihrer Wohnung geöffnet hatte und in den kleinen Flur getreten war, hatte sie sich kurz im Türrahmen abstützen müssen. Der eigentlich im Dunkeln liegende Bereich ihrer Wohnung war an diesem Abend fast ebenso aufgeheizt wie der Treppenaufgang. Warme, beinahe stehende Luft war ihr beim Öffnen der Wohnungstür entgegen gekommen. Es war, als betrete sie eine Sauna.

Die junge Tätowiererin trat mit zitternden Schritten in ihre Wohnung, schloss dann die Tür hinter sich. Sie drehte den Schlüssel zweimal um, ließ ihn von innen stecken.

Sie war müde. Es war wieder ein langer Arbeitstag gewesen.

Es waren zwar wie geplant nur zwei junge Frauen und ein Herr mittleren Alters an diesem Tag zu ihren festgelegten Terminen angetreten. Aber Jackie war mit Christoph, dem jungen blonden Kollegen mit den viel zu vielen Ohrringen, wieder einmal allein im Studio gewesen. Hannes, der normalerweise die männlichen Kunden bearbeitete war seit einigen Tagen im Außendienst unterwegs.

Kundenfang und Messearbeit nannte er das immer. Allerdings hatte es stets den Anschein, dass er eher auf Kundinnenfang und Übernachtungseinsätze aus war.

Jackie stellte die beiden Einkaufstaschen in die Wohnküche und ging zurück in den kleinen Flur. Sie hängte ihre dünne Jacke in die Garderobe, betrachtete sich dann kurz in dem Spiegel, welcher an der gegenüberliegenden Wand angebracht war.

„Du siehst echt fertig aus.", murmelte sie zu ihrem eher niedergeschlagen als erschöpft wirkenden Spiegelbild.

Tatsächlich schien die dreiundzwanzigjährige Frau mit dem brünetten Kurzhaarschnitt seit einigen Tagen nicht mehr dieselbe zu sein. Sie wirkte immer wieder seltsam abwesend, und hatte stets wiederkehrende schlechte Laune.

Vor einigen Tagen war es Christoph aufgefallen, der sie vorsichtig darauf angesprochen hatte. Seine

Frage, ob es eventuell die besonderen weiblichen Tage waren, war eigentlich humorvoll gemeint gewesen. Der Blick mit welchem Jackie ihn daraufhin jedoch bedachte, hatte Christoph an dem Tag dazu veranlasst, Jackie früher nach hause gehen zu lassen.

Allerdings war es ihr damals klar geworden, dass sie tatsächlich irgendwie an fortwährender schlechter Laune litt. Und auch der Grund war ihr bewusst.

Es hatte immer an Jana gelegen.

Die Niedergeschlagenheit, die gedanklichen Abschweifungen, die plötzlichen Stimmungsschwankungen. All das trat meist auf den Plan, wenn Jackie irgendwie an die exotische Filipina erinnert wurde.

Und auch heute war wieder ein solcher Moment aufgetreten.

Eine asiatisch aussehende Frau, etwas jünger als Jackie, war in das Studio gekommen. Sie hatte einen Termin bei Christoph gehabt. Als Jackie die Kundin erblickt hatte, waren plötzlich Tränen in ihre Augen getreten. Ihre Stimme versagte, und sie hatte angefangen hörbar zu schluchzen.

Christoph hatte dies mitbekommen und schnell den Vorhang zu Jackie's Arbeitsraum geschlossen. So war die dreiundzwanzigjährige Frau mit ihrer

Traurigkeit alleine gewesen. Ihre letzte Kundin war kurz zuvor gegangen, und erst nach ein paar weiteren Minuten hatte Christoph sich vorsichtig und mit besorgter Miene in den Raum begeben.

„Deine Kundin wartet, Chris.", hatte Jackie zwischen den Schluchzern hervor gepresst.

„Die wartet gerne mal.", hatte Christoph grinsend zurückgegeben. Dann war wieder die Sorge in sein Gesicht zurück gekehrt. „Was ist denn los, Jackie? Ist es wieder wegen dieser Asiatin?"

„Sie ist eine Filipina.", hatte Jackie jammernd berichtigt.

Und dann hatte sie angefangen zu reden. Sie hatte einfach nicht mehr aufhören können. Und es hatte ihr gut getan, endlich jemandem ihre Empfindungen offen zu legen.

Obendrein wusste Jackie auch, dass ihr jüngerer Kollege, der ihr selber bereits eigene Geheimnisse anvertraut hatte, mit niemandem über das Gehörte sprechen würde.

Christoph hatte nur gegrinst. Ihm war es von dem Augenblick klar gewesen, an dem die beiden Frauen sich verabschiedet hatten. Das hatte der junge Mann mit dem blonden Bürstenschnitt und den zu vielen Ohrringen seiner Kollegin anschließend offenbart.

Bis zu diesem Zeitpunkt hatte die Dreiundzwanzigjährige ihre Gedanken und Gefühle bezüglich der attraktiven exotischen Frau für sich behalten gehabt. Aber am heutigen Tag war der Druck schließlich zu groß geworden. Jackie hatte sich endlich alles von der Seele geredet, fühlte sich befreit.

Und Christoph, der ein guter Zuhörer war, hatte nur genickt und gelächelt.

Als schließlich der Feierabend nahte, hatte Jackie noch eine weitere Sache angesprochen. Während Christoph und sie die Tagesabrechnung machten, hatte sie ihren Kollegen daran erinnert, dass sie ab dem übernächsten Tag ihren Urlaub nehmen würde. Derzeit standen für sie keine großen Termine an, und Hannes hatte die zwei Wochen Urlaub auch bereits abgesegnet.

„Dann verpasst du sie aber.", hatte Christoph festgestellt, und Jackie dabei fragend angeschaut. „Sie kommt doch am Freitag wegen dem Check rein."

„Ich weiß." Jackie hatte kurz gezögert. Aber sie hatte Jana auch schon bei der Verabschiedung darüber informiert gehabt, dass die nachfolgenden Begutachtungen des Phönix-Herzen von einem Kollegen durchgeführt werden würden.

Christoph hatte schließlich verstehend genickt.

„Ich behalte es für mich, keine Sorge.", hatte er versprochen. „Darf ich sie aber wenigstens von dir grüßen?" Diesen Worten war ein Zwinkern gefolgt, welches Jackie mit einem Lächeln beantwortet hatte.

Und nun stand sie daheim vor dem Spiegel, und betrachtete sich in der reflektierenden Oberfläche. Die ihren Blick erwidernde Frau im Spiegel wirkte erschöpft.

Und es lag nicht nur an den sommerlich heißen Temperaturen.

Während der vergangenen Nächte hatte die Dreiundzwanzigjährige nur sehr unruhig schlafen können. Ihre Träume waren für sie verwirrend, denn fast jedes Mal hatten diese sich um Jana gedreht. Es waren wilde, leidenschaftliche Fantasien gewesen, die sie schließlich immer hatten aufschrecken lassen.

Jackie wusste nicht, was sie von diesen Träumen halten sollte. Zwar war ihr tatsächlich klar, dass sie sich zu der exotischen Frau schon an dem Tag hingezogen gefühlt hatte, als diese den Termin für die Tätowierung wahrgenommen hatte. Aber der Gedanke, dass sie tatsächlich solche Gefühle für eine Frau hegte, erschreckte sie.

Bisher hatte Jackie immer nur Beziehungen zu

Männern gehabt. Zugegeben, diese hatten meist nicht lange gehalten, und waren schließlich allesamt gescheitert. Aber dass dies daran liegen könnte, dass sie vielleicht bisexuell oder gar lesbisch war, daran hatte Jackie zuvor nie gedacht.

Doch nach diesem Tag mit Jana, und den verwirrenden Träumen, welche sie nun immer wieder heimsuchten, war sich die junge Frau nicht mehr so sicher.

Seufzend trat Jackie vom Spiegel weg, ging in die Küche und begann ihren Einkauf wegzuräumen. Es waren hauptsächlich Snacks und Fertiggerichte, die sie aus den beiden Plastiktüten holte und auf die Anrichte stellte. Und vier Flaschen Roséwein. Diese waren die einzigen Getränke, die sie an heute gekauft hatte, denn glücklicherweise hatte sie erst einen Tag zuvor zwei Sechserpacks mit großen Wasserflaschen in ihrem Küchenschrank untergebracht. Zu viel Schlepperei wollte sie bei den derzeitigen Temperaturen vermeiden.

Als sie mit dem Verstauen der Einkäufe fertig war, begann Jackie sich auf den Rest des Abends vorzubereiten. Zuerst wollte sie noch einen Anruf tätigen, dann eine entspannende Dusche nehmen. Anschließend würde sie den Abend bei einem Glas Wein ausklingen lassen.

„Mal sehen, ob sie daheim sind.", murmelte sie, während sie sich eine Zigarette zwischen die Lippen steckte und sie entzündete. Sie nahm ihr Mobiltelefon, wählte die Nummer ihrer Eltern und drückte die Ruftaste.

Tief inhalierte sie den Rauch ihrer Zigarette, ließ ihn langsam wieder zwischen ihren feinen Lippen entweichen. Und lauschte dabei wartend dem Freizeichen, welches aus dem Hörer erklang.

Das Gespräch mit ihren Eltern hatte wieder einmal länger gedauert, als Jackie eigentlich geplant hatte. Die Zeiger der Wanduhr im Wohnzimmer näherten sich bereits der vorletzten Stunde des Tages, bedeuteten der jungen Frau, welche nun vom Balkon ihrer Zwei-Zimmer-Wohnung zurückkehrte, dass es inzwischen nach zweiundzwanzig Uhr war.

Jackie schmunzelte. Jedes Mal schaffte es ihre Mutter irgendwie, sie am Telefon zu halten.

Aber immerhin war ihr Urlaub auf dem elterlichen Hof nun gesichert.

Die folgenden beiden Wochen würde sich die dreiundzwanzigjährige Frau an ländlicher Idylle erfreuen können. Zwar stand bereits fest, dass sie dann auch ein wenig mit anpacken musste, aber Arbeit schadete ja bekanntlich nicht.

Während des Telefonats hatte Jackie alles für ihren Aufenthalt mit ihren Eltern besprochen, die sich freuten, einige Tage mit ihrer mittleren Tochter verbringen zu können. Es war nun bereits drei Jahre her, seit sie ihre Eltern zuletzt mehrere Tage besucht hatte. Und auch damals hatte Herzschmerz die Gedanken der jungen Frau beschäftigt gehalten. Allerdings beruhte dieser Umstand damals auf einer frisch gescheiterten Beziehung.

Dieses Mal war es anders. Es gab keinen verflossenen Geliebten.

Dennoch hatte Jackies Vater sicherheitshalber gefragt, ob sie wieder eine extra große Packung mit Papiertaschentüchern auf ihrem Zimmer brauchen würde. Sie hatte lachen müssen, und wahrheitsgemäß erklärt, dass ihre letzte Beziehung mittlerweile schon etwa ein Vierteljahr zurückliege.

Die junge Frau war froh, dass ihre Eltern sich nach wie vor der Technik der Videotelefonie verweigerten, denn sie hatte bei diesen Worten zwar gelacht, aber einige Tränen hatte sie während des Gespräches dennoch nicht vermeiden können. Auch die Frage nach dem Grund ihres Besuches hatte dies ausgelöst. Ihre Antwort darauf war gewesen, dass sie sich nach der Familie sehnte.

Dies stimmte, war jedoch nicht der einzige

Grund. Aber wie hätte sie ihre derzeitige Gefühlskrise als Erklärung anführen können? Vielleicht würde sie irgendwann dennoch darauf zu sprechen kommen. Aber das würde erst später geschehen, hoffte sie.

Mit diesen Gedanken schloss sie die Balkontüre, und ließ das Außenrollo herunter.

Während sich die junge Frau ihrer Kleidung entledigte, aktivierte sie die Hi-Fi-Anlage. Sanfte Musik erfüllte den Raum, begleitete sie auf dem Weg in ihr Badezimmer.

Auch in dem gefliesten Raum mit der Duschkabine befand sich, neben der Tür und knapp unterhalb der Decke montiert, ein Lautsprecher. Der Vorbesitzer der Wohnung hatte in beinahe jedem Zimmer eine solche Möglichkeit zur musikalischen Berieselung eingebaut. Einzig das Schlafzimmer verfügte über eine eigene Musikanlage.

Nachdem Jackie sich noch ihrer Unterwäsche entledigt hatte, zögerte sie kurz mit dem finalen Schritt unter die Dusche. Eine Überlegung hielt sie auf, und sie ging noch einmal ins Wohnzimmer zurück.

Die Fernbedienung der Hi-Fi-Anlage lag auf dem mit einigen Tattoo-Zeitschriften bestückten Couchtisch. Sie nahm sie an sich, und drückte die Taste, welche ihr den Zugriff auf die eingespeicherten Musikdateien auf dem Speicher-Stick ermöglichte. Das Display an der Anlage zeigte die verfügbaren Ordner an.

„Dann sing' mal für mich.", murmelte Jackie, als sie den neuesten von ihr erstellten Ordner auswählte.

Erst gestern hatte Jackie diese neue Musik über einen Online-Musikdienst gekauft, und auf den Stick transferiert. Es handelte sich um Songs einer philippinischen Sängerin. Die Lieder, welche Jackie sich als kurze Kostproben auf der Webseite des Musikdienstes hatte anhören können, gefielen ihr.

Mit einem Lächeln begab sich die Dreiundzwanzigjährige wieder ins Bad. Sie stieg in die Duschkabine, und lächelte ihr lebensgroßes Spiegelbild an. Auch dies war eine Erinnerung an den Vorbesitzer von Jackie's Wohnung. Eine Wand innerhalb der Kabine war mit vom Boden bis zur Decke mit einem großen Spiegel versehen.

Die Augen geschlossen, das angenehm sanfte Prasseln der Wassertropfen auf ihrer Haut genießend, lauschte sie dem ersten Lied der philippinischen Sängerin mit der sanften Stimme.

Sie hatte dieses Lied auf der Webseite nur kurz angespielt. Die frische, jugendliche Musik hatte Jackie sofort ein Lächeln auf das Gesicht gezaubert. Zwar verstand sie den Text des Liedes nicht, da es in der philippinischen Landessprache gesungen wurde, aber die Stimmung schien fröhlich zu sein.

Jackie drehte das Wasser ab, griff sich die Flasche mit dem Apfel-Shampoo, und schäumte ihre kurzen Haare ein. Der Vorteil ihrer Frisur war, dass sie nicht viel Zeit in die Pflege investieren musste. Außerdem trockneten die Haare mit einer Länge von knapp einem Zentimeter schnell.

Als Kind und noch als Teenager hatte Jackie immer lange Haare gehabt. Sie hatte es geliebt ihre Haare zu pflegen, und hin und wieder neue Frisuren auszuprobieren. Aber im Laufe der Zeit hatte sie dann doch den Vorteil kürzerer Haare erkannt.

Die Musik endete, und Jackie hielt inne, lauschte dem folgenden Lied.

Gitarrenklänge, sogleich von der sanften Stimme begleitet, erfüllten das Bad. Der Titel war ihr nicht geläufig, da sie nicht alle Lieder angespielt hatte. Aber durch den langsam aufbauenden Rhythmus und die Stimmung des Liedes ordnete die junge Frau es dem Genre jugendlicher Rocksongs zu.

Wieder trat ein sanftes Lächeln in ihr Gesicht. Diese Musik, welche sie in einem plötzlichen Anflug von Sehnsucht nach einem Land, welches sie noch nie besucht hatte, erworben hatte, gefiel ihr sehr.

Die Auswahl an philippinischen Künstlern auf der Webseite des Musikdienstes war gerade noch überschaubar gewesen. Aber irgendwie hatte etwas in ihr auf das erste gezeigte Cover dieser einen Künstlerin reagiert. Es hatte das Gesicht der Filipina gezeigt, umrahmt von langen schwarzen Haaren, mit den dunklen Augen und den rot geschminkten Lippen.

Der Anblick dieses Bildes hatte Jackie kurz den Atem geraubt, und sie hatte einfach instinktiv entschieden, diese Musik auszuwählen. Schon die ersten vorgestellten Lieder hatten ihr gefallen, und so hatte sie kurzerhand sämtliche verfügbaren Alben der Sängerin erworben und heruntergeladen.

Mittlerweile war Jackie mit dem shampoonieren ihrer Haare fertig, und hatte sich den Netzbeutel mit dem Seifenstück gegriffen. Bedächtig der Musik lauschend, die inzwischen zum nächsten Titel gewechselt hatte, hatte sie mit dem Einseifen ihrer Arme begonnen.

Das neue Lied fesselte die junge Tätowiererin. Pianoklänge, sanfte metallische Trommeln und Becken, und tatsächlich ein englischer Text. Es handelte sich um eine Liebesballade, ein trauriges Lied über eine Trennung.

Jackie hatte schon während ihrer Schulzeit niemals Probleme mit der englischen Sprache gehabt. Es war für sie stets eine leichte Übung gewesen, jegliche englischen Texte aus dem Stegreif zu übersetzen. Doch dieses Mal wünschte sie beinahe, dieses Talent nicht zu haben.

Ein Aufwallen von Gefühlen erfasste die junge Frau, die plötzlich wie erstarrt in ihrer Duschkabine stand. Das Lied der philippinischen Sängerin traf sie ins Herz, rüttelte mit ihren Worten an Jackie's neuer Sehnsucht.

Schließlich endete das Lied, und eine neue, fröhlichere Melodie erfüllte das Badezimmer.

Jackie blinzelte ein paar hervorgetretene Tränen weg, begleitet von dem erneut eher poppigen Rhythmus. Ein Zittern hatte ihren Körper erfasst. Während der Liebesballade hatte sie wie erstarrt gestanden, und inzwischen war die zuvor noch vorhandene Wärme in der Duschkabine verflogen.

Sie ergriff den Knauf für die Dusche, drehte das Wasser auf. Sanft plätschernd lief das wärmende Nass über ihren Körper, spülte die schwach schäumende Seifenschicht von ihren Armen.

Jackie bewegte auch den Kopf unter den angenehm warmen Duschstrahl, wusch sich das Shampoo ab. Nur die Traurigkeit, den Wehmut, welchen das vorherige Gesangsstück in ihr ausgelöst hatte, vermochte das Wasser nicht wegzuspülen.

Als das leichte Zittern nachgelassen hatte, drehte sie die Dusche erneut ab, und begann wieder mit dem Einseifen ihrer Arme. Dabei konzentrierte sie sich auf die Verzierungen ihres Körpers. Vielleicht konnte dies dabei helfen, die Sehnsucht nach der exotischen Frau zu vertreiben, welche vor einigen Tagen in Jackie's Leben getreten war.

Jackie's linker Arm war mit dem kunstvollen Bild einer blaugrünen Schlange verziert, welche sich vom Handrücken um den Arm hinauf schlängelte. Zusammen mit den in verschiedenen Grüntönen schimmernden Blättern schien es einer Dschungelszene zu gleichen. Auf der Schulter verschwand der Schlangenleib innerhalb einer Rose, deren Blüte sich in Richtung der linken Brust neigte. Der rechte Arm war ähnlich verziert, nur dass der Schlangenleib in einer Mischung aus Rot und Gold eingefärbt war, und sich über die Schulter zur Mitte des Rückens fortsetzte.

Der obere Brustkorb der jungen Frau war entlang der Schulterpartie mit sechs, untereinander verbundenen, blauschwarzen Tribals verziert. Diese waren zwar einzeln entstanden, aber schließlich hatte Jackie entschieden, dass sie miteinander verbunden ein großes Ganzes ergeben würden. Von der Oberseite der rechten Brust verlief zudem eine sich ausbreitende Spur von Tatzenabdrücken, welche auf sich auf Höhe von Jackie's schlankem Bauch mit einem farbenfrohen Blumenmotiv verband, das bis zur Mitte des rechten Oberschenkels hinabreichte.

Während Jackie ihren Oberkörper, und auch den mit einem Blumenornament geschmückten Rücken, mithilfe einer langstieligen Bürste einseifte, ertappte sich die junge Frau unvermittelt dabei, dass sie an die Zeit dachte, als sie sich das Blumenornament auf ihrem Rücken hatte stechen lassen.

Es war ihre dritte begonnene, aber die zweite abgeschlossene Tätowierung nach der Lotosblume gewesen. Und ursprünglich hatte es auch lediglich sechs Blumen gezeigt, die Rose auf der linken Schulter eingeschlossen, die ihren Rücken geziert hatten. Später hatte Hannes, der die damals noch neue Mitarbeiterin als Vorzeigeprojekt genutzt hatte, sie zu dem großen Tattoo überredet, welches nun ihren oberen Rücken ab der Hüfte aufwärts schmückte.

Ursprünglich hätte eigentlich die rechte Schlange vorher fertig werden sollen, aber ein Armbruch durch einen unverschuldeten Auffahrunfall, und drei Wochen Gipsverband hatten dann zu einer Verzögerung geführt. Von dieser Verletzung waren nur einige Narben geblieben, welche jedoch durch die Farbe der Tätowierungen mit bloßen Augen nicht mehr zu erkennen waren.

Die Verzierung des rechten Armes hatte damals ihr zweites Tattoo werden sollen, unmittelbar auf das erste folgend, welches Hannes ebenfalls gestochen hatte.

„Die Lotosblume ...", seufzte Jackie plötzlich. Sie drehte sich zu dem großen Spiegel an der Wand der Duschkabine. Durch einen dünnen Wasserschleier auf der spiegelnden Oberfläche wirkte die Reflexion leicht verzerrt.

Mit einem leicht verträumten Blick seifte sie ihre Körpermitte ein, betrachtete dabei ihre allererste Tätowierung. Ein Lächeln umspielte ihre Lippen, als sie an jenes Angebot dachte, welches sie der exotischen jungen Frau am letzten Freitag gemacht hatte. Diese hatte sie auf dem Tätowierstuhl liegend gefragt, welches Motiv denn ihr erstes gewesen sei.

„Eine Lotosblume.", hatte Jackie geantwortet, während sie den Oberschenkel der Filipina für ihr ausgewähltes Tattoo vorbereitet hatte. „An einer ganz anderen Stelle."

Und sie hatte ihr mit einem Schmunzeln angeboten, dass sie sich diese erste Tätowierung an Jackie's Körper gerne später würde anschauen können. Sie hatte es mehr zur Auflockerung der Situation gesagt. Doch Jana hatte dann zugegeben, dass sie die Blume gerne betrachten würde.

Es war ein ungewöhnlich angenehmer Gedanke gewesen, der gezeigt hatte, dass die junge Frau sehr aufgeschlossen zu sein schien. Und irgendwie war diese Antwort der Auslöser einer immer intensiver werdenden Verbindung zwischen den beiden Frauen gewesen.

Jackie's sanftes Lächeln wich einen traurigen Blick, als sie daran dachte, dass sie das gegebene Versprechen, Jana die Lotosblume zu zeigen, während der Sitzung schließlich beide vergessen hatten. Ein Umstand, den sie seither immer wieder sehr bedauerte.

Sie strich sanft über die kunstvoll gearbeitete Tätowierung, welche ihren Schambereich schmückte. Während die in einem hellen Lila schimmernden Blätter der Blume sich oberhalb ihres Intimbereichs befanden, schien der Fruchtknoten sich genau aus der Stelle zu erheben, die für manche Männer das höchste Glück war. All ihre bisherigen Liebhaber hatten an diesem Anblick stets ihren Gefallen gefunden.

Der häufigste Spruch, den sie bisher dazu gehört hatte, war: „Lass' uns doch mal Bienchen und Blümchen spielen." Auch wenn das nicht sehr einfallsreich war, hatte Jackie immer wieder schmunzeln müssen.

Erneut verstummte die Musikanlage kurz, dann begann das nächste Lied. Und wieder war es ein englischsprachiger Song. Begleitet von rockigen Gitarrenklängen, handelte es diesmal erneut von Liebe. Erneut schien eine Trennung das Thema des Liedes zu sein.

Wieder sprach Jackie leise den Text mit, übersetzte die Worte, sobald sie an ihre Ohren drangen. Der Text traf erneut genau Jackie's Herz. Scheinbar hatte diese Sängerin irgendwie einen Draht zu ihren Gedanken.

Diesmal jedoch wollte sich die junge Frau nicht unterkriegen lassen. Sie konzentrierte sich auf den Netzbeutel in ihrer Hand. Ihre ebenfalls mit mehreren Tätowierungen verzierten Beine wollten schließlich auch davon profitieren.

Neben dem Blumenornament, welches sich vom Bauch bis auf den rechten Oberschenkel erstreckte, zierten neben diversen weiteren Blüten und Blättern noch eine vom rechten Knöchel aufsteigende Dornenranke und drei darum flatternde Kolibris ihr schlankes rechtes Bein. Es waren einzelne Tätowierungen gewesen, die jedoch so gut harmonierten, dass sie schließlich in einem großes Tattoo verbunden erschienen.

Auch das linke Bein war von Blättern in verschiedensten Grünschattierungen geschmückt. Am Oberschenkel zogen jedoch zwei Masken die Blicke auf sich. Eine weinende außen, eine glücklich lächelnde innen, verbunden durch Bänder, aus sich gegenseitig an den Händen haltenden Armen. Das linke Knie wurde von einer strahlenden Sonnenscheibe geziert, während sich knapp unterhalb der Kniebeuge ein Mond, umgeben von einem Reif aus sieben Sternen befand. Und direkt oberhalb des Knöchels erhoben sich Flammen bis zur Mitte des Unterschenkels.

Nachdem Jackie schließlich mit dem Einseifen fertig war, drehte sie erneut das Wasser auf, spülte das Seifenstück ab. Sie drehte sich in der Kabine, ließ das Wasser ihren Rücken hinunterlaufen, und seifte sich als letztes das Gesicht ein. Schließlich hob sie den Kopf in den Strahl der Duschbrause und genoss das Gefühl, als das Wasser über ihren Körper lief.

Ein weiteres Mal wechselte die Musikanlage das Lied.

Poppige Gitarrenklänge füllten den Raum aus, begleitet von rhythmischen Beats. Die fröhliche Melodie ließ Jackie lächeln. Der Gesangsteil, wieder ein englischer Text, begann mit einer hohen Männerstimme, gefolgt von der sanften Stimme der philippinischen Sängerin. Der gemeinsame Refrain schien erfüllt von freudiger Erwartung. Eine Liebesbekundung, welche in Jackie erneut ein wehmütiges Gefühl auslöste.

Während ihrer bisherigen Beziehungen hatte sie etwas ähnliches nur ein einziges Mal erlebt. Ein Lächeln verdrängte das leicht bedrückende Gefühl, als Jackie sich an jemanden aus ihrer Jugend erinnerte. Unvermittelt hatte das Lied hatte diese angenehme Erinnerung wachgerufen.

Nur bei dieser einen Person hatte die junge Frau bisher tatsächlich das Gefühl gehabt, dass er der Richtige für sie gewesen wäre. Es lag nur so lange zurück, dass Jackie ihn irgendwie vergessen hatte.

Als sie schließlich das Wasser abdrehte, und aus der Duschkabine stieg, lag immer noch ein leicht verschmitztes Lächeln auf ihrem Gesicht.

Die hervorgerufene Erinnerung an Richard Harder, mit dem sie damals eine Beziehung hatte, blieb bestehen. Er war für Jackie das gewesen, was man üblicherweise die „große Liebe" nennt. Ein junger starker Mann, der sogar ihren Eltern gefallen hatte. Sie und Richard waren fast zwei Jahre zusammen gewesen, bis sich ihre Wege getrennt hatten.

Während es Jackie wegen ihrer Berufswahl in die Stadt gezogen hatte, hatte er bereits begonnen dem landwirtschaftlichen Weg seiner Familie zu folgen. Er war mit Tieren und Feldarbeit aufgewachsen, hatte schon im Kindesalter auf dem Gehöft seiner Familie mit angepackt.

Nach ihrem Umzug hatten die beiden noch einige Zeit Kontakt gehalten, versuchten sogar eine Beziehung auf Distanz zu führen. Doch schließlich hatten beide einsehen müssen, dass diese Art des Zusammenseins nichts für sie gewesen war.

Die Trennung war zwar schmerzhaft gewesen, aber beide hatten diese Entscheidung gemeinsam, und in Freundschaft getroffen gehabt.

Jackie hatte keine Zweifel daran, dass aus Richard Harder inzwischen ein richtiger Landarbeiter geworden war.

Kapitel I

Jackie stellte den Motor ihres Kleinwagens ab, und lehnte sich im Fahrersitz zurück. Der Verkehr war erneut ins Stocken gekommen. Alle drei Spuren der Autobahn in Richtung Norden standen still.

Die junge Frau schwitzte.

Schon am Mittwoch hatte die Hitze Rekordniveau erreicht. Fünfunddreißig Grad im Schatten hatten dafür gesorgt, dass sowohl Christoph als auch Jackie selbst und die Kunden im Studio für die Klimaanlage dankbar gewesen waren.

Doch heute, am Donnerstag, schien die Sonne tatsächlich noch eins drauflegen zu wollen. Ein Blick auf die Temperaturanzeige des kleinen Digitalthermometers, welches sie am Himmel ihres quietschgelben Ford, direkt neben dem Rückspiegel angeklebt hatte, zeigte ihr stolze siebenunddreißig Grad Celsius außerhalb des Fahrzeugs. Einige Grad mochten sicher vom aufgeheizten Asphalt kommen. Aber der Feuerball, der hoch am Himmel stand, trug definitiv auch seinen Teil dazu bei.

Die ständigen Staus konnte Jackie ja gerade noch verkraften, aber die Temperatur machte sie fertig.

Längst hatte die junge Frau sich ihres T-Shirts

entledigt, saß nur mit ihrem Minirock und dem hellblauen BH bekleidet am Steuer. Jedoch schien die Hitze auch die anderen Autofahrer zu beeinträchtigen. Jackie war nicht die einzige Person auf der Autobahn, die sich zur Erleichterung ihrer Oberteile entledigt hatten. Und nur wenige Neugierige machten sich die Mühe, sich die anderen Autos genauer zu betrachten.

Vor einer Weile hatten einige jugendliche Männer ihr aus einem Geländewagen zu gepfiffen und gewunken. Einer hatte sogar einen Schreibblock mit seiner Handynummer beschrieben und hochgehalten. Aber Jackie hatte nur grinsend den Kopf geschüttelt, woraufhin sich die Gruppe schulterzuckend nach einem anderen Ziel für ihre Libido umgesehen hatten.

Denen war die Hitze offensichtlich nicht auf die Stimmung geschlagen. Wahrscheinlich hatte der Geländewagen sogar einen eingebauten Kühlschrank gehabt.

Einen solchen Luxus hatte sich Jackie mit ihrem kleinen Ford jedoch nicht zulegen können.

Dass aus dem Radio fröhliche Tanzmusik ertönte konnte sie auch nicht wirklich aufheitern. Vielleicht hätte die philippinische Sängerin eher Erfolg, würde ihre Laune heben können. Doch der Speicher-Stick war zusammen mit ihrem Laptop in der zu diesem gehörenden Tasche auf dem Rücksitz verstaut. Außerdem wollte sie im Moment keine, aufgrund der Lieder, noch weiter sinkende Stimmung riskieren.

Genervt griff sie zu der Zigarettenschachtel, die auf dem Beifahrersitz neben der Wasserflasche lag. Sie zündete sich eine Zigarette an, blies den Rauch aus dem geöffneten Fenster.

Seit ungefähr einer Dreiviertelstunde kroch der Verkehr nun schon in diesem Stop-and-Go-Verfahren voran. Irgendwas von einem Auffahrunfall auf dieser Strecke hatte sie während der Verkehrsmeldungen vernommen, aber das war vor etwa einer halben Stunde gewesen. Eine Meldung wie lange die Verzögerung dauern würde, hatte der Verkehrsfunk bisher auch nicht angegeben.

Jackie spähte durch die Windschutzscheibe, betrachtete die sich nicht bewegende Autoschlange.

Ihr kleiner Ford befand sich derzeit auf der absteigenden Seite einer Überführung. Dies ermöglichte der dreiundzwanzigjährigen Frau einen Überblick über die sich nach links fortsetzende Fahrbahn. Immer wieder aufleuchtende Bremslichter waren zu sehen, deren rotes Leuchten in der Hitze flimmerte.

Anscheinend hatte Christoph mit seinem gestrigen Vorschlag doch recht gehabt.

„Wie kommst du denn zu deinen Eltern?", hatte er sie bei der gemeinsamen Mittagspause gefragt.

„Ich fahre selber.", war Jackie's lockere Antwort gewesen. „Hab' mein Töff-Töff schließlich nicht ohne Grund."

Daraufhin hatte ihr Kollege mit den zu vielen Ohrringen erwidert, dass sie doch auch mit der Bahn reisen könnte. Es sei einfacher, und sie würde auf diese Weise definitiv viel entspannter ankommen.

„Und einen Bahnhof haben sie doch auch dort.", hatte Christoph grinsend gesagt.

„Hätte ich bloß auf ihn gehört.", murmelte Jackie und startete den Motor.

Ein weiterer Ruck ging durch die scheinbar endlose Autoschlange.

Die Landstraße war frei. Große Laubbäume säumten die aus angegrautem Asphalt bestehende Strecke, spendeten den aufgeheizten Fahrzeugen und ihren Fahrern kühlenden Schatten.

Jackie hatte die Autobahn nach zwei weiteren Ausfahrten, und gefühlten weiteren zwei Stunden Stau, verlassen. Das in ihrem Mobiltelefon vorhandene Navi hatte ihr eine Alternativroute angezeigt, die zwar knapp eine halbe Stunde mehr Fahrzeit haben würde, aber so war sie wenigstens dem Trubel auf der Autobahn entkommen.

Inzwischen hatte die Sonne ihrem Höchststand auf Wiedersehen gesagt, und sich langsam dem Horizont entgegen bewegt. Einige Schleierwolken hatten sich entschieden, dem hellen Leuchten ihre Aufwartung zu machen. Die Hitze dennoch war geblieben.

Jedoch hatte die erhöhte Geschwindigkeit des Fahrzeugs auf der Landstraße, in Kombination mit dem immer noch halb geöffneten Fenster der Beifahrerseite, Jackie inzwischen dazu veranlasst sich ihr Oberteil wieder überzuziehen. Ihren Urlaub mit einer Erkältung zu verbringen stand nicht in ihren Plänen.

Ein Blick auf die Uhr auf dem Armaturenbrett zeigte ihr, dass es mittlerweile sechzehn Uhr fünfundzwanzig war.

Eigentlich hätte sie sich längst eine Pause verdient. Kurz nach zehn Uhr war sie gestartet, nachdem sie noch ein paar Mitbringsel für ihre Eltern organisiert hatte. Rasierwasser und Schnaps für ihren Vater, und eine Schachtel mit Parfüm und Badeperlen für ihre Mutter.

Die beiden waren garantiert auch besorgt, dass sie sich noch nicht gemeldet hatte.

Jackie entschied, bei der nächsten Raststätte eine Pause einzulegen, und einen kurzen Anruf zu tätigen.

Doch vorerst rauschte sie in ihrem Ford die Landstraße entlang, und genoss die nur selten von anderen Fahrzeugen gestörte einsame Fahrt.

„Na endlich. Wo bleibst du denn, Jaqueline?", ertönte die besorgte Stimme ihrer Mutter durch den Ohrstöpsel ihres Headsets. „Ist alles in Ordnung? Hast du eine Panne? Soll Papa ..."

Jackie hatte endlich einen Rastplatz gefunden, und den Ford auf einen der Parkplätze gesteuert. Nachdem sie sich eine Zigarette angezündet hatte, hatte sie das Headset ergriffen, und ihre Eltern angerufen. An der Fahrerseite ihres Autos stehend, hatte sie begonnen, das Tuten aus dem Hörer zu zählen.

Wie erwartet hatte ihre Mutter gleich nach dem zweiten Ton den Hörer abgenommen. Sie machte sich immer Sorgen.

„Alles okay, Mama.", sagte Jackie beruhigend. „Auf der Autobahn war ein Endlos-Stau. Da bin ich auf die Landstraße ausgewichen."

Das erleichterte Aufatmen aus dem Hörer war ebenfalls zu erwarten gewesen, und ließ die junge Frau schmunzeln.

„Die Fahrt dauert noch etwas", erklärte sie. „Aber ich müsste gegen achtzehn Uhr da sein."

„Das ist schön, Liebes.", erwiderte Jackie's Mutter.

Fast kam es der jungen Tätowiererin vor, als sehe sie die sechsundvierzig Jahre alte Hannah Winter vor sich, wie sie sich lächelnd eine Träne aus den Augen wischte. Wie immer würde ihre Mutter wohl gerade eine Schürze umgebunden haben um ihr Kleid vor dem unvermeidlichen Schmutz zu schützen. Und wahrscheinlich würde sie auch wieder ein schief sitzendes Kopftuch tragen.

Die Frau am anderen Ende der Telefonverbindung sprach weiter.

„Übrigens, rate mal, wer dich grüßen lässt." Noch bevor Jackie etwas erwidern konnte, sprach Hannah den Namen aus: „Richard Harder!"

Als sie den Namen ihres Ex-Freundes hörte lächelte Jackie.

„Wie geht es ihm?", fragte sie mit einem plötzlichen Kribbeln im Bauch.

„Ausgezeichnet. Er freut sich auch schon auf dich."

Jackie konnte den freudigen Ton ihrer Mutter durch den Hörer vernehmen. Sie zog an ihrer Zigarette, blies den Rauch aus. Ihre Gedanken rasten, während ihre Mutter weiter plauderte.

„Richard's Vater hat ihm vor zwei Jahren die Leitung der Farm übertragen, weißt du. Und er ist richtig gut, sonst hätte Gero das nicht gemacht."

Hannah Winter redete unglaublich gern über die Leute, die sie kannte. Dass es sich nun um den früheren Partner ihrer mittleren Tochter handelte, hätten manche wohl als Absicht bezeichnet. Aber Jackie wusste, dass die unbedarfte Frau viel zu gutmütig war, als dass dahinter irgendeine Absicht stecken konnte.

„Und als er dann vor einem halben Jahr mit Natascha Schluss gemacht hat ..."

„Was?", unterbrach Jackie ihre Mutter überrascht.

„Ja." Ihre Mutter kicherte. „Ach, das wusstest du ja gar nicht. Richard war ein Jahr mit der Natascha von den Berns zusammen. Aber die war ja bloß auf sein Geld aus. Das ist jetzt vorbei. Er ist wieder zu haben."

Ein warmes Gefühl machte sich in Jackie's Körpermitte bemerkbar. Ähnlich dem, was sie zuletzt vor einigen Tagen im Tattoo-Studio verspürt hatte.

„Jaqueline?", fragte ihre Mutter in den Hörer. „Bist du noch da?"

„Äh ... ja.", stotterte sie. „Ich fahr' aber gleich weiter. Gibst du allen Bescheid?"

„Mach' ich, Liebes." Wieder war der freudige Ton in der Stimme ihrer Mutter zu hören. „Fahr' vorsichtig!"

„Mach' ich, Mama. Kussi!"

Jackie betätigte lächelnd den Knopf am Mikro des Headsets und beendete damit die Verbindung.

Sie lehnte immer noch an der Fahrerseite des quietschgelben Ford, starrte vor sich hin. Die Zigarette, die sie nach dem letzten Zug fallen gelassen hatte, lag noch qualmend zu ihren Füßen.

„Richard ist zu haben.", murmelte sie sehnsüchtig.

Dieser Hinweis, den ihre Mutter ihr hatte zukommen lassen, änderte etwas an ihren Urlaubsplänen. Sie würde ihm garantiert begegnen, da er das Spezialfutter für die Tiere ihrer Eltern bringen würde. Die Fahrer des Farmbetriebs der Familie Harder belieferten unzählige Gehöfte in den umliegenden Dörfern. Aber da Richard ja offensichtlich von ihrem Besuch erfahren hatte, war die Wahrscheinlichkeit groß, dass er die Lieferungen zum Gehöft der Familie Winter selber übernehmen würde.

Ein freudiges Kichern drang über Jackie's Lippen, als sie die Fahrertür ihres Wagens öffnete. Sie nahm sich die Schachtel mit den Zigaretten, zog ein Stäbchen heraus und setzte sich auf den Fahrersitz. Den linken Fuß aus dem Wagen baumeln lassend saß sie rauchend da, und lehnte den Kopf an die Kopfstütze.

Das Gehöft von Jackie's Eltern lag an einem sanft abfallenden Hügel, auf dessen Spitze sich immer noch dasselbe kleine Wäldchen vor dem Horizont abzeichnete. In diesem Wäldchen entsprang eine Quelle, die einen kleinen Bach speiste, der auf der rechten Seite von Jackie's Elternhaus entlang plätscherte.

Die dreiundzwanzigjährige Frau hatte den Wagen gerade erst auf dem mit Kies ausgestreuten Pfad zum Hof gefahren, als sie auch schon unerwartet auf die Bremse hatte treten müssen. Sie schaltete den Motor aus, sprang aus dem Auto, und lachte.

„Patsch!", rief sie, und ließ sich von dem hüfthohen braunen Schäferhund umreißen. „Ach, Patschi!"

Das große Tier hechelte, wedelte mit der Rute und leckte Jackie das Gesicht ab. Sie lachte herzlich und umarmte den durch ihren Besuch nicht überraschten Hund.

Nachdem sie sich aufgesetzt hatte, kraulte sie den Wachhund ihrer Eltern mit beiden Händen. Das Tier genoss die Streicheleinheiten, und versuchte sich gegen beide Hände zugleich zu drücken.

„Ja, das magst du.", sagte Jackie lachend, und drückte Patsch einen Kuss auf die pelzige Stirn.

Den Hund weiterhin kraulend hob sie den Kopf und blickte sich um.

Die Zufahrt zum Hof hatte sich nicht sehr verändert. Einzig die mit Kies angelegte „Straße" war neu. Rechts von ihr befand sich immer noch die alte Scheune, in der sie mit ihren beiden Schwestern Katja und Marlene immer gespielt hatte. Die Heuballen zu erklettern war immer ihr Lieblingsspiel gewesen, ein richtiger Wettbewerb. Nach links erstreckte sich die weitläufige, mit einem Gatter umzäunte Wiese, auf der die Kühe an Schönwettertagen zu weiden pflegten. Weiter den Kiesweg hinunter, in Richtung des Hügels, befanden sich der kleine Teich, der von dem Bach gespeist wurde, der kleine Garten, den ihre Mutter angelegt hatte und immer noch pflegte, und das Elternhaus. Direkt daneben, nur wenige Meter vom Haus entfernt, von einer Hecke aus Lebensbäumen verborgen, befanden sich einige Hühnerställe.

„Wie schön, dass sich nichts verändert hat.", sagte sie glücklich.

„Jackie!", vernahm sie eine vertraute Stimme, die aus der nahen Scheune kam.

„Lene!"

Jackie ließ von Patsch ab und rannte auf ihre jüngere Schwester zu, die ihr aus der Scheune entgegen gelaufen kam. Auf halber Strecke fielen sich die beiden ungleich aussehenden jungen Frauen in die Arme, hielten einander in inniger Umarmung.

„Ist das lange her.", schluchzte die drei Jahre jüngere, aber einen Kopf größere Marlene Winter, und verstärkte den Druck ihrer Umarmung.

„Du zerdrückst mich!", lachte Jackie und klopfte ihrer jüngeren Schwester auf den breiten Rücken.

„Ich weiß!", gab Marlene glücklich lachend zu, löste jedoch die Umarmung nicht, sondern hob ihre Schwester hoch und schwenkte sie lachend hin und her. „Das hat mir so gefehlt!"

Schließlich setzte Marlene „Lene" Winter ihre ältere Schwester wieder ab und entließ sie aus der Umarmung.

„Du bist ja kein Gramm schwerer als damals, Jackie.", stellte sie mit einem Lachen fest.

„Dafür bist du viel stärker geworden.", gab Jackie zurück und rieb sich die Schultern.

Patsch, der zu den Füßen der beiden jungen

Frauen Platz genommen hatte, hechelte hörbar.

Gemeinsam kraulten die beiden Schwestern das Tier, dass sich vergnügt auf die Seite gelegt hatte und freudig fiepte.

Jackie betrachtete ihre jüngere, aber viel stärkere Schwester eingehend.

Die kleine Lene hatte sich während den vergangenen drei Jahren noch mehr zu einer unglaublich starken Frau entwickelt. Sie war damals schon kräftig gewesen, doch nun hatte sie sich eine Muskelmasse zugelegt, bei der mancher Mann neidisch werden konnte. Die zerrissenen Ärmel des Arbeitshemdes, das eigentlich ihrem Vater gehörte, zeigten deutlich, was Lene's Arme zu leisten im Stande waren. Auch die Beine und der Schulterbereich der jungen Frau erinnerten eher an eine Bodybuilderin, als eine Bauerntochter.

Einzig ihr Gesicht und die Frisur passten nicht ganz in das Bild der überaus muskulösen Frau. Ihre rosigen Wangen, die feinen Lachfältchen, und die weichen Gesichtszüge zeugten von ihrem sanften Wesen. Und die beiden verspielten Zöpfe, die im Nacken zu den Seiten abstanden, wirkten eher kindlich.

Aber davon abgesehen kam Lene ihr kräftiger Körper bei der Arbeit auf dem elterlichen Gehöft sehr zugunsten. Die junge Frau war schon vor drei Jahren dafür bekannt gewesen, dass sie einen Ballen Heu mit dem ausgestreckten Arm hochhalten konnte.

Wer weiß, wozu sie heute imstande war?

„Wo ist denn Papa?", fragte Jackie schließlich.

„Bei den Hühnerställen.", sagte Lene und kraulte Patsch weiter, der sich nicht vor den kräftigen Händen seines Frauchens zu fürchten schien. „Letzte Woche hat es stark geregnet, und einige Dächer sind undicht geworden."

„Gehen wir hin!", schlug Jackie vor.

Lene nickte, und scheuchte den Wachhund der Familie mit einem Handwedeln davon.

Hechelnd und bellend lief das Tier in Richtung Bauernhaus davon. Zweifelsohne wollte er Jackie's und Lene's Mutter von der Ankunft der jungen Frau berichten.

„Was ist damit?", fragte Lene und deutete auf Jackie's quietschgelben Ford, der noch mit offener Fahrertür in der Zufahrt stand. „Du kannst das Teil nicht so stehen lassen. Neben der Scheune ist genug Platz."

Nachdem Jackie ihren Wagen unter einem an der Scheune angebauten Schleppdach abgestellt hatte, nahmen die beiden Schwestern das Gepäck aus dem Fahrzeug und trugen es zur Veranda des elterlichen Hauses. Auf der Hälfte des Weges vernahm Jackie erneut einen Ruf.

„Jaqueline!" Es war die Stimme ihrer Mutter die, vom Schäferhund Patsch herausgerufen, nun in der offenen Haustür stand. Wie von Jackie vermutet trug die kleine Frau eine Schürze mit Blumenmotiven über ihrem sandfarbenen Kleid, und hatte ein Kopftuch umgebunden, um ihre üppige Haarpracht zu bändigen.

Mit flinken Schritten eilten die beiden jungen Frauen zum Haus.

Jackie kam nicht dazu ihre Reisetasche und den Rucksack abzustellen. Noch bevor sie die Veranda betreten hatte, umschlossen sie die schlanken Arme ihrer Mutter. Die sanfte Berührung der schmalen Lippen auf ihren Wangen, ließ die junge Frau an frühere Zeiten denken, als sie noch ein kleines Kind gewesen war.

Anders als ihre beiden Schwestern hatte Jackie früher gar nicht genug mit ihrer Mutter kuscheln und schmusen können. Nach dem Umzug in die Stadt verspürte sie immer wieder, wie sehr ihr diese Nähe fehlte. Zwar hatte sie dies mit ihren verschiedenen Partnern zu kompensieren versucht, doch waren Männer leider nicht immer so auf körperliche Nähe aus wie es Frauen waren. Von der Nähe beim Sex abgesehen.

Als Lene ihr schließlich die Reisetasche abgenommen hatte, erwiderte Jackie die innige Umarmung ihrer Mutter, und drückte den schlanken Körper der sechsundvierzigjährigen Frau an sich.

„Ich bin ja jetzt hier, Mama.", sagte sie, als sie das leichte Schluchzen ihrer Mutter vernahm.

Die ältere Frau war schon immer sehr gefühlsbetont gewesen. Jackie war sich der Tatsache bewusst, dass sich die Tränen und das Schluchzen nicht so schnell wieder verabschieden würden. Obwohl sie nun angekommen war, würde ihre Mutter ihr dennoch immer wieder zeigen, wie sehr sie sie vermisst hatte.

„Lass' dich anschauen, Kind!", sagte ihre Mutter, während Lene das Gepäck vorerst auf der Hollywoodschaukel deponierte, die vor der Veranda stand.

Hannah Winter betrachtete ihre zweite Tochter eingehend. Ihre lebhaften grünbraunen Augen schienen jede Einzelheit an Jackie's Figur aufzunehmen, wanderten von ihrem Kopf, den Körper hinab, bis zu den Füßen.

„Schon wieder neue Bildchen?", schmunzelte die ältere Frau amüsiert. Das Wort Bildchen war ihre

Bezeichnung für die zahlreichen Tätowierungen, welche den Körper ihrer mittleren Tochter zierten.

Jackie nickte lächelnd.

„Aber nicht viele.", sagte sie.

Die junge Frau wusste genau, dass die Tattoos ihre Mutter nicht störten, was jedoch nicht bedeutete, dass sie diese Art der Körperkunst völlig akzeptierte. Schon als kleines Mädchen hatte Jackie sich oftmals Abziehbildchen auf die Arme geklebt, und dadurch strafende Blicke ihrer Mutter erhalten.

Ihr Vater war da anders. Tatsächlich trug Robert Winter selber diverse Tätowierungen, die noch aus seiner Zeit bei der Marine datierten. Und er war sehr stolz auf jede einzelne.

Lene unterbrach die mütterliche Musterung.

„Wir wollten Papa begrüßen gehen." Die Worte der kräftigen Bauerntochter klangen mehr wie eine Aufforderung, als eine Erklärung.

Hannah nickte.

„Nehmt doch gleich noch was zum Trinken mit.", schlug sie vor. „Die Männer sind bestimmt durstig." Mit diesen Worten ging sie kurz in die Küche und kehrte dann mit einem Korb zurück, der mit sechs gekühlten Bierflaschen bestückt war.

„Und erinnert die beiden mal, dass sie nicht mehr so lange machen sollen.", ergänzte ihre Mutter. „Es ist bald Zeit für's Abendbrot."

Jackie nahm den Korb an sich und folgte ihrer jüngeren Schwester.

„Die beiden Männer?", fragte sie neugierig. „Wer ist denn noch bei Papa?"

Sie hoffte schon, dass Lene den Namen Richard anführen würde, als diese stattdessen seinen ein Jahr jüngeren Bruder Heiko erwähnte.

„Echt?", hakte Jackie grinsend nach. „Der blöde Heiko?"

Ein grimmiger Blick von Lene ließ Jackie zusammenzucken. Ein Verdacht keimte in ihr auf.

„Du und Heiko?"

Lene grinste und nickte vielsagend.

„Macht mal Pause, Männer!"

Marlene's Ruf ließ die beiden kräftigen Männer, die gemeinsam einen zwei Meter langen Holzbalken über den Hof trugen, in der Bewegung stoppen. Beide Köpfe schienen sich synchron zu drehen.

„Ach, wen haben wir denn da?"

Der ältere der beiden Männer ließ den knapp fünfzig Zentimeter dicken Balken zuerst absinken, und nickte seinem jüngeren Helfer zu. Dann lief er mit einem freudigen Lachen auf die beiden ungleichen Schwestern zu. Er wischte sich die Hände an seiner knielangen Hose ab, und schloss Jackie in die kräftigen Arme. Diese erwiderte die Umarmung ihres Vaters.

„Viel zu lange her.", sagte Robert Winter und hob seine schlanke Tochter mit ausgestreckten Armen in die Höhe. „Und viel zu leicht.", fügte er fröhlich lachend hinzu bevor er die schlanke Frau wieder absetzte.

„Hab ich ihr auch schon gesagt.", grinste Lene, und umarmte den jüngeren der beiden Männer. Dieser drückte ihr einen Kuss auf die Stirn. Anschließend reichte er Jackie die Hand.

„Hallo, Jaqueline.", sagte er grinsend. „Lange nicht gesehen."

Jackie erwiderte sprachlos den Handschlag.

„Was ist denn?" Lene lachte, wissend was der Grund für die Verblüffung ihrer Schwester war.

Der Umstand, dass sie und Heiko ein Paar waren, hatte der älteren Schwester die Sprache verschlagen. Allerdings war dies auch verständlich.

Als Kinder hatten Heiko und Lene sich nicht ausstehen können. Damals war es häufig zu Streitereien gekommen, und hin und wieder waren zwischen den beiden tatsächlich richtige Prügeleien ausgebrochen. Gewonnen hatte dabei keiner, da die beiden sich schon als kleine Kinder ebenbürtig gewesen waren.

„Und wie ... wann?", stotterte Jackie schließlich, als sich die Worte wieder in ihrem Hirn formen konnten. Der Anblick der beiden war atemberaubend.

Heiko Harder hatte, ebenso wie Marlene, die Statur eines Bodybuilders. Er hatte schon früh erkannt, dass sich Kraft und Ausdauer bei der Arbeit auf dem Land bezahlt machten. Aus diesem Grunde hatte er stets ein strenges Trainingsprogramm befolgt, welches ihm schließlich zu der körperlichen Form verholfen hatte, die er immer angestrebt hatte: gewaltige Muskelpakete, die unter seiner sonnengebräunten Haut prangten. Mit dem militärisch anmutenden Kurzhaarschnitt und den ausgeprägten Kieferknochen präsentierte sich ihr nun ein Mann, der wohl auch in Actionfilmen eine sehr gute Figur machen würde.

Im Gegensatz zu seinem siebenundzwanzigjährigen Bruder Richard, der vollends in die Landwirtschaft gegangen war, arbeitete Heiko hauptberuflich als Mechaniker und Maschinenbauer. Aber auch in diesem Bereich konnte man nicht stark genug sein.

Jackie's Vater beantwortete schließlich die nur teilweise ausgesprochene Frage seiner Tochter.

„Die beiden sind seit letztem Jahr zusammen.", erklärte er, sich eine Bierflasche nehmend. Er schnippte den Kronkorken mit seinem rechten Daumen von der Flasche, trank einen Schluck. „Es war beim Dorffest gewesen. Wie immer gab es dabei den üblichen Wettstreit im Armdrücken."

Heiko reichte Marlene seine geöffnete Bierflasche, sah ihr beim Trinken zu.

„Wir waren beide im Finale.", führte er die Erklärung seines Schwiegervaters in spe weiter. „Und nachdem wir dann knappe zehn Minuten gekämpft hatten ..."

„Es waren nur achteinhalb.", grinste Lene, reichte die Bierflasche zurück. „Und du hast zuerst geschwächelt, Schatz."

Ihr Vater lachte.

„Sie haben beide geschnauft wie sonstwas.", erzählte er. „Jedenfalls hat dann Mama gewitzelt, dass sie doch einfach aufhören sollten. Und sich eingestehen, dass sie sich ja eh gar nicht besiegen wollten. Weil sie sich doch eigentlich liebten."

Jackie blickte fragend von Marlene zu Heiko, die beide nur grinsten.

Ihre Schwester gab zu, dass ihre Mutter damals tatsächlich gar nicht so falsch gelegen hatte. Und dann hatte es bei diesem Dorffest tatsächlich zwei erste Plätze beim Armdrücken gegeben.

„Und ein neues Paar.", sagte Heiko und legte seine Hand um Lene's Schulter, zog sie an sich. Lächelnd legte die zwanzigjährige kräftige Frau den Kopf gegen seine Schulter.

„Da hab ich ja wirklich einiges verpasst.", murmelte Jackie traurig.

Sie stellte sich vor, wie es wohl gewesen wäre, an diesem Tag dabei gewesen zu sein. Wahrscheinlich hätten sie und Marlene dann wieder abends zusammen gesessen, und über das Geschehen auf dem Dorffest geredet. So wie es auch früher schon oft gewesen war.

Zwar war es damals hauptsächlich um Banalitäten gegangen, meistens um die Themen Schule und Freizeit, aber dennoch waren solche Augenblicke für Jackie immer etwas sehr Schönes gewesen. Mit Lene hatte sie des öfteren ganze Nächte lang geredet. Anders als mit ihrer ältesten Schwester Katja. Diese hatte nur sehr wenig familiäre Interessen, und meldete sich tatsächlich nur an den wichtigen Tagen, wie Geburtstagen und zu Weihnachten.

„Und wie sieht es bei dir aus, Jackie?", fragte ihr Vater plötzlich. „Du hast derzeit niemanden, hat Mama gesagt."

Sie schüttelte zögerlich den Kopf.

Wenn sie an ihre eigene derzeitige Situation dachte, und den eigentlichen Grund für ihren Heimaturlaub, schnürte sich ihr die Kehle zu. Wie sollte sie das nur alles erklären? Wollte sie es überhaupt offenlegen?

„Na, Kopf hoch, Jackie.", ergriff Heiko das Wort und grinste. „Morgen bekommst du ja Gesellschaft."

„Was?"

Die junge Frau blickte den Freund ihrer Schwester fragend an.

Dieser schmunzelte, und blickte zu Marlene. Als diese nickte, und auch ihr Vater sagte, dass er es ruhig verraten könne, rückte Heiko mit der Sprache raus.

„Bei Richard ist einer der Fahrer ausgefallen, der wird Vater. Und deswegen macht er jetzt selber ein paar Touren." Das plötzlich wieder aufflammende Kribbeln in Jackie's Bauch zauberte ihr ein leichtes Lächeln auf die Lippen, als er fortfuhr. „Und morgen wird er dann zum Abschluss hier halt machen."

„Pünktlich zum Feierabend.", ergänzte ihr Vater, und sah seiner Tochter ins Gesicht. Ihre mittlerweile deutlich zu erkennende Vorfreude ließ auch ihn lächeln.

„Da freut sich aber jemand.", lachte Lene.

Jackie versuchte zwar, ihrer Schwester mit einem finsteren Blick zu antworten. Aber tatsächlich hatte diese mit ihrer Aussage recht. Sowohl in ihrem Inneren, als auch auf den Wangen verspürte Jackie die ansteigende Wärme der Schamesröte.

Die amüsierten Blicke der anderen waren ihr beinahe egal. Dennoch schlug sie vor, dass sie sich besser auf das Abendessen vorbereiten sollten.

Das gemeinsame Abendessen war von Gesprächen und allseitigem heiterem Lachen begleitet worden. Die Eltern der Schwestern hatten die Gelegenheit genutzt um unzählige Fragen zum Leben ihrer mittleren Tochter zu stellen, die Jackie aufrichtig zu beantworten versucht hatte.

Auch Heiko hatte sich neugierig gezeigt. Er hatte jedoch überwiegend Fragen über Tätowierungen gestellt. Offensichtlich spielte er mit dem Gedanken, sich ebenfalls zu einer Verzierung zu verhelfen. Seine Frage bezüglich der Durchführung einer solchen Arbeit während ihres Urlaubs hatte Jackie jedoch mit einer Ablehnung beantwortet. Sie hatte weder die nötige Ausrüstung dabei, noch das Verlangen in ihrem Urlaub ihrer beruflichen Tätigkeit nachzugehen.

Nach dem Essen hatten sich Marlene und Heiko rasch in ihr Zimmer verzogen. Ihr Vater war ins

Wohnzimmer gegangen, um im Fernsehen das laufende Fußballspiel zu verfolgen.

Jackie und ihre Mutter hatten sich derweil gemeinsam um den Abwasch des Tages gekümmert, und noch ein wenig weiter geplaudert. Es hatte ihr gut getan, sich endlich wieder ausführlich und direkt mit ihrer Mutter zu unterhalten. Über die Jahre hatte Jackie zwar oft stundenlang mit ihren Eltern telefoniert, aber ein persönliches Gespräch mit ihrer Mutter hatte schon immer einen besonderen Wert für sie gehabt. Mit ihrem aufmunternden Lächeln schaffte es die sechsundvierzigjährige Frau immer wieder, die Sorgen ihrer Tochter ein wenig abzumildern, und ihre Stimmung zu heben.

Nachdem in der Küche alles erledigt gewesen war, hatte Hannah sich entschlossen, ihrem Mann im Wohnzimmer Gesellschaft zu leisten. Zwar teilte sie nicht wirklich die sportlichen Interessen ihres Mannes, aber sie hatte sich während der inzwischen siebenundzwanzig Ehejahre daran gewöhnt.

Jackie war stattdessen in ihr altes Zimmer gegangen, welches ihre Eltern ihr für den Urlaub bereitgestellt hatten. Eigentlich diente es seit ihrem Auszug als eine Art Abstellraum, doch es hatte sich nie wirklich viel darin angesammelt. Somit hatte Jackie nur einige Kisten und Körbe beiseite räumen müssen. Nach einem raschen Durchfegen des Raumes hatte sie sich anschließend daran gemacht, ihre mitgebrachte Kleidung aus der Tasche und dem kleinen Rollkoffer in die Kommode umzupacken.

Nun lag sie auf dem gemütlichen großen Bett, welches sie noch aus ihren Jugendtagen kannte, und blickte aus dem großen Fenster hinaus auf die immer weiter schwindende Resthelligkeit des Abendrots. Aus ihrem mitgebrachten Laptop erklang leise die sanfte philippinische Musik.

Nachdem sie am Dienstag erstmalig die Lieder im Ganzen gehört hatte, und sich dabei mehrmals ertappt hatte, dass manche Texte ihre Sehnsucht anfachten, hatte sie nun eine etwas bessere Selbstbeherrschung entwickelt. Zwar ließen bestimmte Lieder nach wie vor ihre Stimmung ein wenig absacken, aber zumindest konnte sie mittlerweile ihre Tränen besser zurückhalten.

Die zufällige Abfolge der Lieder hatte soeben ein Stück ausgewählt, welches der jungen Frau ein verträumtes Lächeln ins Gesicht zauberte. Sie verstand den Text nicht, aber die sanfte Melodie und die Stimme der exotischen Sängerin hatten eine aufhellende Wirkung auf Jackie.

Eine Weile lag sie reglos auf dem Bett, den Blick

aus dem Fenster gerichtet, der Musik lauschend. Sie hing nur ihren Gedanken nach, die sich um den heutigen Tag drehten. Das Eintreffen auf dem Hof, die Begrüßung durch Patsch und Lene. Ihre Mutter, die so unendlich erleichtert und glücklich war. Ihr Vater und Heiko, den sie bisher noch nie dermaßen freundlich erlebt hatte, selbst als sie und Richard ein Paar gewesen waren. Mit Sicherheit lag dies an Lene's Einfluss.

Wieder kehrte das verträumte Lächeln zurück, als sie an Heiko's Worte dachte: „Morgen bekommst du ja Gesellschaft."

Als er dies ausgesprochen und erklärt hatte, dass Richard am nächsten Tag hier auftauchen würde, waren Jackie unzählige Gedanken durch den Kopf gegangen. Und diese Überlegungen hatten sich den ganzen Abend über gehalten. Selbst jetzt, wo sie alleine in ihrem alten Zimmer war, drehten sich ihre Gedanken um das morgige Wiedersehen mit ihrer ersten großen Liebe.

Wie würde sie reagieren, wenn er ankommen würde? Sollte sie ihm zur Begrüßung die Hand schütteln oder ihn umarmen?

Bei dem Gedanken an eine Umarmung spürte sie wieder deutlich das sofortige Erröten ihrer Wangen.

Kichernd schüttelte Jackie den Kopf, und richtete sich im Bett auf. Sie erhob sich, trat ans Fenster und öffnete es. Ihr war nach einer Zigarette.

Geschickt kletterte sie auf das nur ein paar Zentimeter unter dem Fenster liegende Schleppdach, welches ihre knapp einundsechzig Kilogramm Körpergewicht problemlos tragen konnte. Sie hatte ein Kissen mitgenommen, welches ihr das Sitzen auf dem inzwischen abgekühlten Metall angenehmer machen sollte.

Die Glut der angezündeten Zigarette betrachtend, genoss Jackie die kühle Nachtluft. Sie lauschte dem sanften Rauschen des Windes, welches sich mit dem Zirpen der Grillen vermischte. Hin und wieder war der ferne Ruf eines Käuzchens zu vernehmen.

Die abendliche Kulisse der leicht hügeligen Landschaft, mit den funkelnden Sternen am zunehmend dunkler werdenden Himmel, war verständlicher Weise der genaue Gegensatz zu der Szenerie, die sie üblicherweise in der Stadt hatte. Auch die Geräusche waren so vollkommen anders.

Aber all dies war der jungen Frau natürlich bewusst. Es war ein weiterer Grund gewesen, sich für den Urlaub auf dem elterlichen Hof zu entscheiden. Die Ruhe in der Natur, die Aussicht, die frische Luft.

All das hatte ihr so sehr gefehlt.

Ein Klopfen ließ Jackie zusammenzucken.

Ihr geflüsterter Name drang an ihr Ohr.

„Jackie? Kann ich auch eine?"

„Lene?" Jackie blickte sich um.

„Hier drüben!"

Sie blickte in die Richtung, aus der die Stimme ihrer jüngeren Schwester kam.

Marlene grinste ihr aus dem übernächsten Fenster zu. Sie hatte einen Bademantel angelegt und lehnte sich auf die Fensterbank.

„Komm' rüber.", grinste Jackie und nickte.

Dass Lene rauchte überraschte Jackie nicht sonderlich. Schon als sie noch hier wohnte, hatte ihre jüngere Schwester sie manchmal um eine Zigarette gebeten. Und bevor sie sich selber welche holte, hatte Jackie sie eben schnorren lassen.

Ihre Zimmertüre wurde leise geöffnet und ebenso wieder geschlossen, und Lene trat ans Fenster.

„Auf der Kommode.", sagte Jackie als sie Lene's fragenden Blick bemerkte.

Der verwuschelte dunkelblonde Haarschopf drehte sich in Richtung des benannten Möbelstücks, gefolgt von einem freudigen „Ja!".

Nachdem Lene sich ebenfalls auf das, unter dem zusätzlichen Gewicht nun leicht knarrende Schleppdach begeben hatte, entnahm sie der Schachtel eine Zigarette. Tief inhalierte sie den Rauch, räusperte sich und blickte dann ihre ältere Schwester an.

Der Ausdruck auf Lene's Gesicht zeigte, dass sie offensichtlich noch nicht geschlafen hatte.

„Heiko raucht nicht.", sagte sie schließlich. „Aber er weiß es."

Bei diesen Worten grinste sie und fuhr sich mit der freien Hand durch ihre Haare.

„Wart ihr so lange beschäftigt?" Jackie schmunzelte ihre jüngere Schwester an. In ihren Worten klangen Freude und zugleich auch ein wenig Neid mit.

Lene grinste nur zufrieden.

„Morgen kannst du ja auch wieder.", sagte sie und zwinkerte Jackie zu.

„Quatsch!", erwiderte diese. „Wir haben uns so lange nicht gesehen, da werden wir doch nicht gleich vögeln." Ein schüchternes und zugleich hoffnungsvolles Kichern begleitete ihre Worte.

Das freche Grinsen ihrer Schwester ließ Jackie nachfragen, ob diese eventuell etwas wüsste. Der fragende Blick ließ die muskulöse junge Frau leise lachen.

„Also, ein bisschen was ist mir da schon zu Ohren gekommen.", gab sie zu.

Jackie hatte ihre Zigarette ausgedrückt, und war etwas näher an Lene's Beine heran gerutscht. Zwar vernahm sie erneut das leise Knarzen des Schleppdaches, aber sie war neugierig.

„Was hast du gehört?", fragte sie nach.

Lene schmunzelte wieder, drückte ihre Zigarette aus und schnippte sie vom Dach.

„Na, dass er alleine ist, das weißt du ja von Mama."

Jackie nickte.

Lene entnahm der Schachtel erneut eine Zigarette, zündete sie an und reichte sie an Jackie weiter. Dann entzündete sie sich selbst ebenfalls noch eine.

„Also, Heiko hat mir gesagt, dass Richard derzeit wohl nichts Festes sucht.", erklärte Lene. „Aber er hat mir auch gesagt dass er sich sehr auf dich freut. Also wer weiß?"

Jackie ließ eine Rauchfahne zwischen ihren Lippen entweichen. Diese neue Information fügte ihrem bevorstehenden Treffen mit Richard eine interessante Möglichkeit hinzu.

„Du meinst, er will nichts Festes?", hakte sie nach.

„So hat Heiko es gesagt.", bekräftigte Lene. „Und er lügt mich nicht an."

„Traut sich wohl nicht?", grinste Jackie und musterte Lene's feines Gesicht.

Diese zuckte mit den Schultern und lehnte sich in Richtung des Fensters zurück, lauschte ins Innere des Zimmers.

„Was ist das eigentlich für eine Sprache?" Mit dieser Frage bezog sich die jüngere Schwester auf die Musik, welche immer noch leise spielte.

„Filipino.", erklärte Jackie, und ergänzte auf Lene's fragenden Blick: „Eine Sprache auf den Philippinen. Ich hab die Musik vor einigen Tagen entdeckt."

Lene lauschte weiter und sagte dann: „Klingt komisch."

Die ältere Schwester nickte. Tatsächlich mag die Landessprache der Bewohner der Philippinen für die Ohren anderer Länder seltsam und lustig klingen, aber umgedreht ist es gewiss genauso.

„Ich mag sie irgendwie.", sagte Jackie und lauschte ebenfalls ins Zimmer hinein.

Die Abspielliste hatte inzwischen mehrere Liederwechsel durchlaufen. Trotzdem hatte Jackie bisher nur wenige der beinahe einhundert erworbenen Titel mehrmals gehört.

„Egal.", unterbrach Lene die aufgetretene Stille plötzlich. Sie zog noch einmal an der Zigarette, drückte sie dann aus. „Was willst du morgen anziehen, Jackie?"

Die Angesprochene blickte ihre jüngere Schwester fragend an.

„Wie meinst du das?", fragte sie zurück. „Einfach etwas Bequemes, dachte ich."

Lene grinste wieder, erhob sich und betrat Jackie's Zimmer. „Ich meine für Richard.", ergänzte sie ihre Frage. Ein weiteres Zwinkern, gefolgt von der Feststellung, dass sie ihm doch bestimmt gerne gefallen würde, entlockte Jackie ein schüchternes Grinsen.

Sie drückte ihre Zigarette aus und kehrte ebenfalls in das Zimmer zurück. Nachdem sie das Fenster hinter sich geschlossen hatte, trat sie an ihre Kommode und begann einige ihrer mitgebrachten Kleidungsstücke heraus zu suchen.

„Was hast du denn dabei?" Lene trat ebenfalls an das Möbelstück heran und warf einen Blick hinein.

„An sich eher zweckmäßige Kleidung.", gab Jackie zurück. „Groß was vorgehabt hatte ich ja eigentlich nicht. Nur entspannen und ein bisschen helfen."

Lene's Blick fiel auf ein himmelblaues ärmelloses Oberteil. Sie nahm es und betrachtete das aufgedruckte Motiv, einen Kussmund in sanftem Rot.

„Das wäre nicht schlecht.", sagte sie und hielt es

ihrer Schwester hin. „Anprobieren!"

Wortlos zog sich Jackie ihr Oberteil aus, und nahm das angebotene Kleidungsstück an sich.

Lene betrachtete erstaunt den schlanken Oberkörper ihrer Schwester.

„Sind ja wirklich mehr geworden.", stellte sie fest, nachdem sie nun die Tattoos sehen konnte.

Jackie grinste und zog das Oberteil an.

Lene wendete sich wieder der Kommode zu, und sah nun die Beinkleider durch. Anscheinend lag der kräftigen Frau viel daran, dass ihre Schwester dem morgigen Besuch in bestmöglicher Aufmachung begegnen würde.

„Sag mal, Lene", begann Jackie, welche die Suche ihrer Schwester aufmerksam beobachtete. „Woran ist denn eigentlich die Beziehung zwischen Richard und Natascha nun wirklich gescheitert? Mama sagte zwar was von Geld, aber das hat der doch nie viel bedeutet."

Lene wollte gerade etwas erwidern, als es an der Zimmertüre klopfte.

„Lenchen? Bist du da drin?"

Es war die Stimme von Heiko, die vom Flur zu hören war.

Jackie trat an die Tür und öffnete. Ein verschlafen wirkendes Gesicht blickte ihr aus dem Halbdunkel entgegen.

„Sie ist hier.", sagte sie und ließ den nur mit einer Unterhose bekleideten Mann herein.

Unschlüssig trat er ein, und blickte sich um.

„Was macht ihr denn?", fragte er und wischte sich den Schlaf aus den Augen.

„Modenschau.", erwiderte Lene und hielt Jackie eine kurze Jeans entgegen. „Zieh mal das dazu an."

Die dreiundzwanzigjährige Frau blickte von ihrer Schwester zu Heiko und zögerte.

„Echt jetz'?", fragte sie.

Lene ließ ein Grinsen sehen und stellte sich vor Heiko.

„Los jetzt!", sagte sie und drückte ihr die Jeans in die Hände. Dann drehte sie sich zu Heiko und sagte: „Der guckt jetzt nicht." Mit diesen Worten schob sie den muskulösen Mann auf Jackie's Bett zu. Dort schubste sie ihn auf die Laken und setzte sich auf seinen Schoß.

Die ältere Schwester war kurz wie erstarrt, als sie die beiden auf ihrem Bett sah. Der leidenschaftliche Kuss, den ihre zwanzigjährige Schwester ihrem Freund aufdrückte ließ sie hoffen, dass die beiden sich wenigstens noch so lange beherrschen würden, bis sie wieder in Lene's Zimmer waren.

Schnell ließ Jackie den Minirock von ihrer Hüfte

rutschen und streifte die Jeans über.

Die Farbwahl ihrer Schwester traf ihren Geschmack, genau wie es früher schon gewesen war. Auch damals hatte Lene oft die Kleidung ihrer drei Jahre älteren Schwester ausgesucht. Scheinbar hatte sich die Zwanzigjährige dieses Auge für die Mode bewahrt.

„Und?", vernahm sie Lene's Stimme.

„Ihr könnt gucken."

Lene befreite sich aus Heiko's Umarmung, der sie jedoch wieder auf sich ziehen wollte.

„Gleich.", sagte sie und löste sich sanft aus seinen starken Armen. „Ich will nur schauen ob ..."

Heiko spähte an ihr vorbei zu Jackie, die mitten im Zimmer stand.

„Sieht gut aus!", sagte er und zog Lene wieder an sich, gab ihr einen leidenschaftlichen Zungenkuss. Die Frau seufzte hörbar, ließ es geschehen.

„Äh.", machte Jackie. „Das ist aber mein Bett?!"

Schwer atmend richtete Lene sich wieder auf, stützte sich an Heiko's Brustmuskeln ab. Sie erhob sich und bemerkte augenblicklich, dass Jackie sich erschrocken abwendete.

Ein Blick auf den Körper ihres Freundes offenbarte ihr den Grund.

Lachend zog sie Heiko vom Bett hoch, der nur

breit grinste.

„Ist doch nicht schlimm.", sagte er amüsiert. „Richard hat sowas auch."

„Geh' schon mal rüber, Schatz.", sagte Lene und küsste ihn, drückte ihren Körper lustvoll gegen seinen. „Ich komm' auch gleich."

Mit einem Grinsen zu Jackie verließ Heiko das Zimmer wieder.

Als sie hörte, wie die Tür des Nebenzimmers leise zugezogen wurde, drehte sich Jackie zu Lene um, die wieder auf dem Bett saß und sie schmunzelnd anblickte.

„Tut das nicht weh?", fragte sie mit vor Scham geröteten Wangen.

Lene wiegte kurz den Kopf zu den Seiten.

„Beim ersten Mal schon, aber inzwischen find' ich es einfach nur toll.", sagte die jüngere Schwester mit einem lüsternen Grinsen.

Jackie ließ sich ebenfalls auf dem großen Bett nieder, mied allerdings die Stelle, auf welcher der jüngere Bruder von Richard eben noch gelegen hatte. Der Anblick der stark gewölbten Boxershorts hatte die Dreiundzwanzigjährige schockiert. Zwar entsprach Heiko's Aussage, dass sein Bruder ähnlich bestückt war, durchaus der Wahrheit, aber ganz so viel war es dann doch nicht, das wusste Jackie noch von früher.

Und auch wenn inzwischen etwas über fünf Jahre vergangen waren, seit sie und Richard das letzte Mal miteinander geschlafen hatten, würde sich das Ausmaß seiner Männlichkeit wohl nicht sehr vergrößert haben.

„Wie ist das denn so, mit ihm?", fragte Jackie plötzlich und blickte Lene an.

Diese lachte wieder.

„Fantastisch.", sagte sie. „Aber er ist bisher der einzige Kerl, mit dem ich Sex habe. Also kann ich keine Vergleiche anführen." Sie grinste ihre Schwester an. „Du hast da mehr Möglichkeiten." Mit diesen Worten erhob sie sich und richtete ihren Bademantel.

„Wenn du mich nun entschuldigst? Ich werde erwartet." Mit diesen Worten ging Lene zur Tür und wünschte Jackie noch eine angenehme Nachtruhe, bevor sie das Zimmer verließ.

Nur wenige Minuten später vernahm diese unterdrückte und dennoch eindeutige Geräusche aus dem Nebenzimmer.

Mit fast mechanisch wirkenden Bewegungen nahm Jackie ihr Headset aus dem kleinen Nachttisch neben dem Kopfende des Bettes, schloss sie an den Laptop mit dem Speicherstick, und steckte sich die beiden Stöpsel in die Ohren.

„Gute Nacht.", murmelte sie und kroch in die rechte obere Ecke des Bettes. Sie schloss die Augen, versuchte nicht an das zuvor Gesehene zu denken.

Sich auf die sanfte Stimme und die Melodien konzentrierend, begann Jackie langsam in den Schlaf hinwegzugleiten.

Das monotone Prasseln des Regens auf dem Schleppdach wollte nicht aufhören. Es hatte eine einschläfernde Wirkung auf Jackie, die in der vergangenen Nacht nicht viel Schlaf gefunden hatte. Ob es das kurz vorher Erlebte gewesen war, oder auf der beim Einschlafen gehörten Musik beruhte, war jedoch einerlei.

Es war einfach eine Tatsache, dass sie nicht lange hatte schlafen können.

Die Müdigkeit war nur zeitweise von der jungen Frau gewichen. Der gewohnt kräftige, schwarze Kaffee ihrer Mutter, und die Arbeit in der Scheune hatten es vorübergehend geschafft, Jackie aufzurütteln.

Gemeinsam mit Lene hatte sie am Vormittag die Schafställe ausgemistet, frisches Stroh ausgebracht, und einigen der tierischen Wolllieferanten eine ordentliche Wäsche verpasst. Zwar hatten dies nicht alle der Tiere gemocht, aber da hatten sie durch gemusst.

Und es hatte Spaß gemacht.

Nach einer stärkenden Mahlzeit zum Mittag hatten Jackie und Lene dann beim Einfangen einiger ausgebrochener Kühe helfen müssen. Diese hatten es offensichtlich irgendwie geschafft, einen Teil des hölzernen Weidezaunes niederzutrampeln, und hatten sich auf eine nahe Wiese begeben.

Glücklicherweise waren die Ausreißer clever genug, sich nicht zu weit vom heimischen Hof zu entfernen, und ließen sich auch relativ schnell und ohne größere Gegenwehr zur Rückkehr überzeugen.

Nun saß Jackie frisch geduscht auf ihrem Zimmer, und versuchte sich selber zum Anziehen zu überreden. Die in der Nacht von Lene ausgewählte Kleidung wartete nur darauf, ihren schlanken Körper zu umhüllen. Aber dann hatte Jackie erneut einen plötzlichen Anflug von Müdigkeit verspürt.

Ein Blick auf das Display ihres Mobiltelefons zeigte ihr, dass es inzwischen beinahe fünfzehn Uhr war. Laut den Worten ihres Vaters traf Richard meist zwischen fünfzehn Uhr dreißig und sechzehn Uhr mit dem Futterlaster ein.

Allerdings war ja dieser andere Fahrer ausgefallen, also würde es wohl dieses Mal etwas später werden.

Murrend öffnete Jackie die Weckerfunktion ihres Telefons, stellte sie auf sechzehn Uhr. Dann ließ sie sich auf das Bett sinken. Das Telefon deponierte sie oberhalb des Kissens und schloss die Augen. Ein kurzes Schläfchen würde bestimmt gut tun.

Das Klopfen an der Tür ließ Jackie aufschrecken.

Das unerwartete Geräusch hatte ihren Schlummer unterbrochen, und sie griff nach dem Mobiltelefon: Fünfzehn Uhr achtundvierzig.

Enttäuscht über das vorzeitige Wecken deaktivierte die junge Frau den Wecker.

„Bist du wach?"

Ohne eine Antwort abzuwarten trat Marlene in das Zimmer, schloss die Tür hinter sich.

Jackie warf ihrer Schwester einen mürrischen Blick zu. Sie hasste es, auf diese Art geweckt zu werden.

„Guck' nicht so böse.", sagte Marlene und hielt Jackie die mitgebrachte Tasse mit dampfendem Kaffee entgegen. „Ich komme in Frieden."

„Wenigstens etwas.", erwiderte Jackie und nahm die Tasse entgegen, trank einen kleinen Schluck. Ihr Blick fiel auf den kleinen schwarzen Koffer, den die jüngere Schwester mit sich führte.

„Was ist das?", fragte sie interessiert.

Lene öffnete das Mitbringsel und hielt es ihr entgegen.

„MakeUp.", grinste sie.

Jackie schmunzelte, trank einen weiteren Schluck Kaffee. Sie spürte das Schwinden der Müdigkeit. Zufrieden stellte sie die Tasse auf den Nachttisch.

Lene zog einen Stuhl zum Bett, platzierte den Schminkkoffer darauf. Dann schaltete sie das Licht ein und setzte sich zu Jackie auf das Bett.

„Das ist meine Entschuldigung, wegen gestern Nacht.", murmelte Lene, während sie Jackie's Gesicht mit einem feuchten Wattepad abwischte. „Ich hatte echt nicht gedacht, dass Heiko nochmal aufwacht."

„Ist schon okay.", sagte Jackie. „Sein Aufwachen war ja an sich auch nicht das Problem."

Lene kicherte.

„Tut mir ja leid." Die vorgeschobene Unterlippe ihrer Schwester kannte Jackie noch von früher. Es bedeutete zwar, dass es ihr tatsächlich leid tat, aber dass sie dennoch glücklich über das Geschehen war.

„Hauptsache, ihr hattet euren Spaß.", sagte die Dreiundzwanzigjährige und wischte sich eine

Strähne ihrer kurzen Haare aus der Stirn, die auf ihrer Haut kitzelte.

Lene's Lächeln zeigte, dass die Aussage ihrer Schwester zutraf.

„Okay." Sie ließ das Wattepad auf das Laken fallen und sah Jackie forschend an. „Was zuerst?"

Sie entschieden, zuerst die Augenpartie mit dem MakeUp zu versehen, da der verlockende Duft des Kaffees ein Lippenschminken derzeit noch stören würde. Jackie überließ ihrer Schwester die Auswahl der Farben, griff erneut nach dem heißen Getränk.

Das Auftragen des Lidstrichs ging schnell voran, und der marineblaue Lidschatten nahm auch nur wenig Zeit in Anspruch.

„Wie oft schläft Heiko denn eigentlich hier?", fragte Jackie, während Lene ihre Augenbrauen auffrischte.

„Mindestens ein bis zweimal in der Woche.", gab sie zur Antwort. „Aber diese Woche bisher jeden Tag. Er hilft Papa mit den Hühnerhäusern." Ein glückliches Lächeln umspielte Lene's volle Lippen.

„Sie vertragen sich also?", fragte Jackie neugierig.

„Zuerst nicht so.", gestand die jüngere Frau. „Als wir anfingen auszugehen war Papa außer sich. Halt mal kurz still!" Mit einer feinen Pinzette zupfte Lene ihrer Schwester ein paar widerspenstige Haare aus der Umgebung der Brauen.

„Aber ihr seid trotzdem zusammen geblieben?"

„Klar." Lene's Erwiderung klang wie selbstverständlich. „Davon lass' ich mich doch nicht einschüchtern. Und als Mama dann ein paar Worte mit Papa geredet hatte, da war alles okay. Du weißt ja, wie sie sein kann."

Jackie stimmte zu.

Sie hatte selber einige Male erleben dürfen, wie die zierliche Frau den größeren und wesentlich kräftigeren Mann allein mit Worten niedergerungen hatte. Was ihrer Mutter an Körperkraft fehlen mochte, wurde durch ihre Überzeugungskraft und Beredsamkeit ersetzt.

„Trink mal aus.", schlug Lene vor.

„Ich will noch eine rauchen vorher."

Gemeinsam traten die beiden Frauen an das große Fenster und Lene öffnete es. Es regnete zwar immer noch, doch der Wind hatte gedreht, so dass das Zimmer trotz offenem Fenster trocken blieb.

„Wie war denn euer erstes Date?", fragte Jackie, die Zigarette im Mundwinkel. Sie war gerade dabei eine Strickjacke anzuziehen. Nur mit einem dünnen Hemd bekleidet war es am offenen Fenster heute doch etwas frisch.

„Da waren wir gerade frisch zusammen. Am

Abend nach dem Dorffest.", erklärte Lene. „Heiko hatte mich noch während des Festes gefragt, ob ich mit ihm ausgehen wollte. Er wüsste schon was, wohin wir gehen könnten."

Die jüngere Frau lächelte, als sie von ihrem und Heiko's erstem Abend berichtete. Der kräftig gebaute Mann hatte noch während des Dorffestes alles Nötige arrangiert. Mit einem Bekannten, dem ein kleines Kino im Nachbarort gehörte, hatte er eine Wette gemacht und gewonnen. Dies hatte ihm eine Privatvorstellung eines Filmes seiner Wahl eingebracht.

„Es war „True Lies", der mit Arnold und Jamie!", lachte Lene glücklich.

„Er wusste das?", hakte Jackie nach, die den Lieblingsfilm ihrer jüngeren Schwester kannte.

„Ich weiß nicht, woher." Lene zuckte mit den Schultern.

Sie ließ den Blick über die Landschaft streifen, schien in ihren Gedanken verloren.

„Und euer erster Kuss?", unterbrach Jackie das Schweigen schließlich. „Wann und wo?"

Lene lachte über die Neugier ihrer Schwester. Es war jedoch kein abwertendes Lachen, dafür mochte sie diesen Wesenszug an ihr viel zu sehr. Außerdem würde sie es ja ohnehin von irgendwem erfahren.

„Das war etwa eine Woche später." Lene drückte ihre Zigarette auf dem Schleppdach aus, wartete dann auf Jackie, die noch einen Zug von ihrer Zigarette nahm, ehe sie ihrem Beispiel folgte.

Nachdem das Fenster wieder geschlossen war, kehrten sie auf das Bett zurück.

Lene reinigte nochmals Jackies Mund mit einem angefeuchteten Wattepad.

„Also, erster Kuss.", sagte sie, während sie eine matte Grundierung auf die Lippen ihrer Schwester auftrug.

„Wir waren am Kiessee gewesen. Ein paar von Richard's Angestellten hatten eine Party gegeben, zu der alle, die kommen wollten, eingeladen waren." Mit einem dunklen Lipliner zog sie die Konturen von Jackie's fein geschwungenen Lippen nach. „Es gab zu trinken, und Richard selbst hat Zeugs zum Grillen besorgt. Er hat auch selber am Grill gestanden. Ey, nicht lächeln!"

„Sorry." Jackie grinste entschuldigend, und zwang sich dann ihre Lippen ruhig zu halten.

„Na, jedenfalls saßen Heiko und ich dann auf dem Steg." Lene wählte ein sanftes mattes Rot, und begann mit dem finalen Schminken der Lippen ihrer Schwester. Sie schwieg dabei, damit Jackie's Lachen nicht ein nochmaliges Anfangen notwendig machte.

Als sie den Lippenstift mit der Kappe verschloss, reichte sie Jackie ein fusselfreies Tuch, welches diese zwischen ihre Lippen presste. Nach zweimaligem Test blieb keine Farbe mehr am Tuch hängen.

„Was sagst du?", fragte Lene und reichte Jackie den kleinen Handspiegel, der zum Schminkkoffer gehörte.

Das freudige Lächeln ihrer Schwester war fast soviel wert, wie die folgende Umarmung.

„Das sieht toll aus, Lene!", sagte Jackie und drückte ihr einen Kuss auf die Wange. „Danke."

„Der ist übrigens kussfest." gab sie zurück. „Und ich will, dass du das auch ausnutzt!"

Jackie schmunzelte.

„Wir werden sehen.", sagte sie. „Also? Ihr wart auf dem Steg?"

„Ach so, ja. Jedenfalls hat Heiko sich dann einfach zu mir gedreht und meinen Namen geflüstert.", führte Lene ihren Bericht fort. „Und als ich ihn dann angesehen habe, da hat er mich einfach geküsst. Nicht besonders romantisch, aber total süß."

„Typisch Heiko." Jackie lachte.

Ein hörbares Hupen unterbrach das Lachen der beiden Schwestern.

„Mach dich mal besser schnell fertig.", sagte

Lene, die ans Fenster getreten war, und einen Blick hinaus warf. „Es wird Zeit."

Jackie verspürte das Aufsteigen plötzlicher Nervosität. Sie fühlte das aufgeregte Schlagen des Herzens in ihrer Brust. Es war genau wie damals, als sie das erste Mal auf Richard aufmerksam geworden war.

Und sie genoss dieses Gefühl, wieder aufgeregt zu sein wie ein verknallter Teenager.

Der bereits seit einigen Stunden herabrieselnde Regen verursachte einen feinen Glanz auf den Gebäuden des Hofes der Familie Winter. Der erst seit einem halben Jahr vorhandene, als Zufahrtsweg zum Haus und den übrigen Gebäuden ausgebrachte Kiesbelag verhinderte zuverlässig das Entstehen schlammiger Pfützen.

Direkt vor der Scheune hatte der siebenundzwanzigjährige Richard Harder den bulligen Lastwagen zum Stehen gebracht. Gemeinsam mit seinem jüngeren Bruder Hciko und dessen Schwiegervater in spe, Robert Winter, entlud er die mit speziellem Kraftfutter für die Kühe gefüllten Jutesäcke von der mit einer Plane abgedeckten Ladefläche des alten und dennoch bisher zuverlässigen Fahrzeugs.

„Du musst übrigens mal die Kühlflüssigkeit nachfüllen.", sagte der einen Meter siebenundachtzig messende Richard zu seinem nur minimal kleineren Bruder. „Irgendwie ist die Temperatur zu schnell zu hoch."

„Das mach' ich später.", antwortete Heiko, und lud sich wieder je einen der fünfundvierzig Kilogramm schweren Säcke auf beide Schultern.

„Besser sofort.", erwiderte der ältere Bruder. „Ich will nicht, dass der Wagen ausfällt." Er packte sich ebenfalls einen der Jutesäcke und folgte Heiko, der bereits wieder auf dem Weg in die Scheune war.

„Hörst du?", forderte er eine Reaktion.

In der Scheune stieß er beinahe mit Robert zusammen, der gerade dabei war, Heiko einen der Säcke von den Schultern zu nehmen.

„Mach mal keinen Stress, Rickie.", feixte Heiko. „Du fährst doch nicht gleich wieder, oder?" Ein Nicken in Richtung des Hauses unterstrich die Aussage.

Richard zögerte kurz mit seiner Antwort.

„Ihr denkt wirklich, dass sie mich sehen will?" Ein leichter Anflug von Schüchternheit klang in den Worten mit.

Die beiden anderen Männer prusteten los.

„Hör dir das an, Papa!", lachte Heiko. „Der ist

schüchtern."

Robert grinste Richard an.

„Du hättest sie mal gestern erleben sollen, als Heiko deinen Besuch ankündigte.", sagte er. „Das Lächeln war eindeutig, mein Junge." Robert legte dem jungen Mann, der nur knapp über der Hälfte seiner eigenen Lebensjahre war, die linke Hand auf die Schulter. „Ich denke nicht, dass du dir Sorgen machen musst, Richard."

Ein Lächeln legte sich auf das Gesicht des noch jungen, aber bereits sehr erfahrenen Landwirts.

Heiko hatte den verbliebenen Futtersack in den dafür vorgesehenen Verschlag gepackt und nahm seinem älteren Bruder die Last ab, die dieser trug.

Wenngleich beide Männer annähernd denselben Körperbau hatten, war der ein Jahr jüngere Heiko um einiges stärker als sein Bruder. Für ihn war es ein leichtes beinahe die doppelte Anzahl an Gewicht zu stemmen. Zu bestimmten Gelegenheiten hatte er diese Überlegenheit schon auf dem Besitz seines Bruders demonstriert.

Manche von Richards Angestellten behaupteten, dass dies seine Art sei, dem Bruder zu imponieren, und gelegentlich traf diese Aussage sogar zu. Aber Heiko liebte es einfach nur, mit seiner körperlichen Stärke zu protzen.

„Wie viele Jahre ist das jetzt her, seit eurer Trennung?", fragte Robert, während die drei Männer ein weiteres Mal zum Laster hinausgingen. „Vier, fünf Jahre, oder?"

„Etwas um die fünf Jahre.", antwortete Richard und bestieg die Ladefläche des Lasters. Kurz überflog er die restliche Ladung. „Hier liegen nochmal elf Säcke."

Robert ließ seinen Blick zur Veranda des Wohnhauses wandern. Er winkte und rief: „Wir sind fast fertig. Noch elf Säcke, also dreimal laufen."

Heiko folgte Roberts Blick und winkte ebenfalls.

„Dann mal schnell fertig werden, Bruder.", sagte er und wuchtete sich wieder je einen Sack auf die breiten Schultern, trug sie mit schnellen Schritten in die Scheune.

Richard spähte durch einen schmalen Riss in der Vorderseite der Plane. Das aufgeregte Lächeln kehrte auf sein Gesicht zurück.

„Das sind neunzig Kilo!", sagte Lene. Stolz schwang in ihrer Stimme mit.

„Dich schafft er doch auch, und du hast etwas mehr.", sagte ihre Mutter, die ebenfalls auf die Veranda getreten war.

Der Wachhund Patsch hatte es sich auf der leicht

schwingenden Hollywoodschaukel bequem gemacht. Das Tier schien zu schlafen, doch die aufgestellten Ohren zeigten, dass er dennoch jedes einzelne Geräusch wahrnahm.

Lene schnaubte, und erwiderte, dass sie trotz ihrer kräftigen Statur nur fünfundneunzig Kilo wiege. Dann lachte sie herzhaft.

Hannah Winter warf einen Blick in die Wohnküche.

„Wo bleibt Jaqueline denn?"

„Sie wollte sich noch ein bisschen frisch machen, hat sie gesagt.", erwiderte Lene, und beobachtete weiter das Treiben bei der Scheune.

„Die hätten mich ruhig helfen lassen können.", sagte sie. „Dann wären wir schon fertig."

Ihre Mutter legte ihr eine Hand an den Arm.

„Die beiden wollten Richard ärgern. Das musst du verstehen, Marlene."

„Wieso ärgern?", fragte Jackie, als sie schließlich auf die Veranda trat.

Hannah bestaunte ihre mittlere Tochter, die aufreizend gekleidet und mit verführerischem MakeUp auf die Veranda trat, und schloss sie herzlich in die Arme. Jackie erwiderte die übliche Begrüßung ihrer Mutter, spähte jedoch neugierig in Richtung des Lasters.

„Er ist gerade in die Scheune gegangen." Lene hatte den neugierigen Blick ihrer Schwester bemerkt. „Aber sie sind fast fertig."

„Können wir hingehen?", fragte die Dreiundzwanzigjährige. In ihrer Stimme war deutlich die Aufregung zu erkennen.

„Lasst die Männer mal machen.", sagte ihre Mutter. „Außerdem würdest du Richard jetzt total aus dem Tritt bringen."

Jackie seufzte und trat an das Geländer der Veranda, stützte sich mit beiden Händen daran ab.

„Wie wird er reagieren, wenn er mich sieht?"

Kaum hatte sie die Worte ausgesprochen, als die drei Männer wieder aus der Scheune traten. Ihr Vater und Heiko blieben in Sichtweite, während der dritte Mann erst hinter den Laster trat, und dann auf die Ladefläche stieg.

Ihr Vater winkte plötzlich und rief, dass noch elf Säcke verblieben, die auszuladen wären. Als Heiko ihnen zuwinkte, warf Lene diesem ein paar Luftküsse zu.

Jackie's Nervosität stieg erneut. Sie trommelte mit den Fingern auf das Geländer.

„Bleib doch ruhig, Kind.", sagte ihre Mutter und legte ihr beide Hände auf die Schultern.

„Ich fühl' mich wie ein Teenie, Mama.", gab sie

kichernd zurück.

Lene hielt ihr die Schachtel mit den Zigaretten hin. Fragend blickte Jackie über ihre rechte Schulter zu ihrer Mutter.

„Mach' ruhig.", sagte diese. „Hin und wieder raucht Richard ja auch." Mit einem Blick zu Lene schüttelte Hannah den Kopf.

Jackie's Hände zitterten, als sie die Zigarette entzündete und einen tiefen Zug nahm. Sie verfolgte das Geschehen, versuchte ihre Aufregung zu dämpfen.

Die drei Männer waren inzwischen erneut mit weiteren Futtersäcken beladen in die Scheune gegangen. Ihr Vater hatte einen Sack getragen, Richard ebenfalls. Heiko hatte sich erneut zwei der schweren Jutesäcke aufgeladen.

„Nach meiner Zählung", sagte ihre Mutter ruhig. „müssen sie noch einmal hinein. Es sind noch drei Säcke auf dem Laster."

Jackie war beim Rauchen vor die Veranda gegangen, hatte die Zigarette fallen lassen und ausgetreten. Das heftige Schlagen ihres Herzens donnerte fast in ihren Ohren. Zuletzt hatte sie ein ähnliches Empfinden vor einer Woche gehabt, beim Abschied von Jana. Ein Gefühl wie Schwindel war es gewesen, ein ungeheures Verlangen nach Nähe. In der letzten

Woche hatte sie den Gefühlen nicht nachgegeben, aber nun drängte es sie einfach dazu.

„Gehen wir.", grinste Lene, die neben sie getreten war. Sie nahm ihre ältere Schwester an der Hand und zog sie in Richtung Scheune.

Mit schnellen Schritten liefen die beiden Frauen Hand in Hand auf das große längliche Gebäude zu. Sie hatten kaum die Hälfte des Weges hinter sich gebracht, als die Männer wieder aus der Scheune traten. Die drei blieben stehen, blickten in ihre Richtung.

„Na jetzt geh schon!", lachte Heiko hörbar laut. Er gab seinem Bruder einen Stoß, der diesen erst unbeholfen, dann mit sicherem Schritt auf die Schwestern zusteuern ließ.

Lene ließ Jackie's Hand los. Diese überbrückte die restliche Entfernung in wenigen Sekunden, warf sich in Richard's Arme. Der hochgewachsene Mann drückte die einen halben Kopf kleinere Frau an sich, hielt sie fest.

„Endlich!", seufzte Jackie glücklich.

Sie hob den Blick, sah in seine dunkelblauen Augen. Sie spürte, wie das Herz in ihrer Brust für einen kurzen Augenblick auszusetzen schien, nur um gleich darauf noch wilder zu klopfen.

„Hi!", sagte er leise, ein glückliches Lächeln auf

den Lippen.

Für einen endlos scheinenden Augenblick sahen Richard und Jackie einander in die Augen, genossen das Gefühl, den anderen nur in den Armen zu halten.

Dann umfasste die junge Frau den kräftigen Nacken des Mannes, und zog ihn näher an sich. Als ihre Lippen sich trafen schien ihr Herz einen Freudensprung zu machen. Und auch Richard genoss die Wärme der sich treffenden Lippen, zog den schlanken Körper der Frau an sich.

Das erfreute Lachen der anderen Beobachter dieser innigen Begrüßung störte die beiden nicht. Alles was in diesem Moment wichtig schien, war allein ihre Nähe zueinander.

Kapitel II

Jackie's Aufregung hatte sich immer noch nicht völlig gelegt. Das Beben in ihrem Inneren schien einfach nicht nachlassen zu wollen. Die beiden Tassen mit Kaffee in ihren Händen wollten sich ihrer erregten Stimmung offensichtlich anpassen, wie die Ringe in der Flüssigkeit zeigten.

Mit langsamen Schritten trug sie die bebenden Flüssigkeitsbehälter zum Küchentisch, setzte sie behutsam aber dennoch hörbar auf die Untertassen. Dann richtete sie sich auf, atmete ein paar Mal konzentriert ein und aus, schüttelte ihre Hände.

„Komm' langsam mal wieder runter!", sagte sie zu sich selber. „Es ist doch alles okay."

Immer noch vernahm die junge Frau das Pulsieren ihres Herzschlags in ihren Ohren. Doch nun spürte sie zudem auch die Wärme von Richard's Lippen auf den ihren. Sie schmeckte ihn, konnte beinahe noch seinen nach Minze duftenden Atem riechen.

Der Augenblick, als er sie in seine Arme geschlossen hatte, als sie seine Körperwärme gespürt hatte, war einfach wunderbar gewesen. Sämtliche Überlegungen, all ihre Gedanken waren in diesem einen Moment nur auf eines ausgerichtet gewesen:

Richard endlich wieder zu küssen.

Und genau das war dann auch geschehen.

Ein Lächeln, begleitet von einem beinahe kindlichen Kichern, legte sich auf ihr Gesicht. Sie spürte das ihre Wangen warm wurden.

„Ach Kindchen.", vernahm sie die frohe Stimme ihrer Mutter. „Du wirst ja richtig rot!"

Jackie legte die Hände an die Wangen, spürte jedoch, dass dies nicht ausreichen würde um ihre freudige Aufregung zu verbergen.

„Willst du nicht lieber doch zu ihm gehen?"

Jackie schüttelte entschieden den Kopf. Sie hatte sich vorgenommen, ihre Mutter bei den Vorbereitungen der Kaffee-Tafel zu unterstützen. Weder Schamesröte, noch Zittern oder Kichern würden sie davon abhalten.

Wenn sie ihrem innersten Verlangen, bei Richard zu sein, jetzt einfach nachgeben würde? Wer weiß, was dann geschehen würde? Schon daran zu denken ließ Jackie's Knie weich werden.

„Alles okay?"

Von Jackie unbemerkt war Lene hinter sie getreten. Auch auf dem Gesicht ihrer Schwester hatte sich ein Lächeln breit gemacht.

„Ich hab dir ja gesagt, dass der Lippenstift kussecht ist." Sie hatte die muskulösen Arme um Jackie gelegt, drückte sie an sich. „Mensch, dein Herz rast ja.", sagte sie lachend als sie die Umarmung löste.

Jackie drehte sich um, schloss nun ihre Schwester in die Arme und drückte ihr, wie kurz nach der MakeUp-Behandlung, einen Kuss auf die Wange.

„Ohne dich hätt' ich das nicht geschafft, hinzugehen.", sagte sie leise. „Total weiche Knie."

Lene schloss Jackie wieder in die Arme.

„Weiß ich doch.", erwiderte die jüngere Frau ebenfalls nur schwach hörbar.

„Ich hole mal noch den Kuchen.", sagte die Mutter der beiden, und zog sich in Richtung Speisekammer zurück.

Wenngleich Hannah Winter selber Nähe und Innigkeit liebte und brauchte, war es ihr unverständlicher Weise so gut wie unmöglich, anderen länger beim Ausleben solcher Momente zuzusehen. Es trieb ihr Tränen in die Augen. Zwar waren dies Tränen der Rührung und Freude, aber dennoch verspürte sie dadurch eine unangenehme Scham. Selbst bei ihren eigenen Kindern war sie nicht dazu imstande, dieses Gefühl zu ignorieren.

Sie fürchtete sich sogar beinahe vor dem Tag, an dem die erste ihrer drei Töchter schließlich in den Ehestand eintreten würde.

Jackie löste sich schließlich von Lene und sah ihrer jüngeren Schwester direkt ins Gesicht.

„Du wusstest genau, was passieren würde.", stellte sie grinsend fest.

Lene nickte.

„Es war mir sofort klar gewesen, als Richard von deinem Besuch gehört hatte.", gab sie zu. „Wenn ihr beide mal alleine seid, und euch ohne Partner wiederseht, dann dauert es nicht lange."

Wieder spürte Jackie das Blut in ihre Wangen schießen.

Lene grinste und legte ihre Hände an die Wangen ihrer Schwester.

„Aber wie weit du noch gehen willst", sagte sie beinahe verschwörerisch. „das entscheidest du allein. Mein Job ist erledigt."

Sie zwinkerte ihr zu, und hauchte ihr einen schnellen Kuss auf die Lippen.

Jackie schenkte ihrer jüngeren Schwester ein Lächeln und erwiderte leise: „Ihr werdet das schon mitkriegen, wenn es weiter geht."

Als Hannah mit dem Kuchen aus der Speisekammer zurückkehrte und ihn auf den Tisch stellte, hatte Lene sich bereits wieder ins Wohnzimmer begeben. Und auch Jackie hatte sich endlich wieder etwas beruhigt.

Offensichtlich war diese kleine Unterhaltung mit

ihrer Schwester einfach das, was dazu nötig gewesen war. Das innere Beben hatte etwas nachgelassen, wenngleich sie immer noch das Pochen ihres Herzens hören konnte.

In beiden Händen je eine mit Kaffee gefüllte Thermoskanne tragend, wich sie dem Wachhund aus, der es sich nun auf dem Küchenboden gemütlich gemacht hatte. Seine Ohren registrierten nach wie vor aufmerksam jedes Geräusch.

„Der Tisch ist dann fertig.", sagte Jackie zufrieden, nachdem sie die beiden Kannen platziert hatte.

Sie ließ ihren Blick noch ein weiteres Mal über die gedeckte Tafel wandern. Teller, Tassen und Besteck für sechs Personen, jeder Platz mit einer von ihrer Mutter kunstvoll gefalteten Serviette. Zwei breite Gestecke mit bunten Blumen als Dekoration. Und im Zentrum des Ganzen ein großer Kuchen, der jedem Anwesenden mindestens drei Stücke zusprach.

„Es sieht toll aus, Jaqueline."

Ihre Mutter trat neben sie, legte die Arme um ihre mittlere Tochter.

„Ich bin so froh, dass du glücklich bist, Kleines.", sagte sie, vor Freude leicht schluchzend.

Jackie erwiderte die Umarmung, küsste die Stirn ihrer Mutter.

„Lass uns die anderen rufen, Mami.", sagte sie lächelnd. „Du legst die Sitzplätze fest."

Ihre Mutter nickte, und ging dann ins Wohnzimmer. Einfaches Herbeirufen würde lediglich zu Murren führen, das wusste sie.

Jackie blieb in der Küche. Erneut ließ sie ihren Blick über die vorbereitete Kaffee-Tafel wandern. Hoffentlich passte alles. Vor allem bei dem zwar sehr großen, aber auch sehr leckeren Kuchen mit den frischen Erdbeeren und Mandarinen machte sie sich ein paar Sorgen.

Sowohl ihr Vater, als auch Heiko und Richard waren bestimmt hungrig. Zudem wusste sie auch, dass die drei Süßem sehr zugetan waren. Genau wie ihre jüngere Schwester.

Ein Schmunzeln huschte über Jackie's Gesicht.

Bestimmt würden Heiko und Lene sich gegenseitig mit der Süßspeise füttern. Und ihre Mutter würde schließlich, von Scham erfüllt, den Blick abwenden. Mit einem Lächeln zwar, aber auch mit deutlich geröteten Wangen.

Sie rechnete noch einmal durch, wie viele Kuchenstücken jeder bekommen könnte. Letztlich, und unter der Berücksichtigung dass sie selber und auch ihre Mutter ohnehin wieder nur je zwei Stück Kuchen nehmen würden, nickte sie zufrieden.

„Sollte eigentlich ausreichen.", sagte sie bestimmt. „Um die beiden übrigen Stücken können die vier sich ja streiten."

„Der sieht aber lecker aus."

Ihr Vater betrat die Wohnküche, direkt gefolgt von ihrer Mutter. Diese begann umgehend mit der Sitzplatzzuteilung.

Heiko und Lene wurden auf eine Seite der Tafel beordert, ihnen gegenüber erhielten Richard und Jackie ihre Plätze. Die Eltern schließlich besetzten die beiden Kopfenden der Tafel.

Robert schaltete das CD-Radio ein. Ruhige Country-Musik untermalte die ausgelassene Stimmung der Anwesenden. Es war eine Mischung verschiedener Titel aus unterschiedlichen Cowboy-Filmen, welche er zu seinem letzten Geburtstag geschenkt bekommen hatte. Die dazugehörige CD-Box beinhaltete insgesamt zehn Compact-Discs, die aktuell laufende eingerechnet.

Jackie war nervös. Trotz der leidenschaftlichen Begrüßung sorgte Richard's unmittelbare Nähe für nur noch mehr Herzklopfen. Immer wieder drehte sie leicht den Kopf in seine Richtung, ließ ihre Augen einen raschen Blick auf ihren Tischnachbarn werfen.

Richard hatte sich offensichtlich an diesem Mor-

gen frisch rasiert, das hatte sie vorhin schon be-
merkt. Sein ausgeprägtes Kinn und die Kieferpartie
zeigten dennoch bereits wieder vereinzelte Stop-
peln. Dies war durch seinen Armeedienst ausgelöst,
wo er sich täglich hatte rasieren müssen, was wie-
derum den Bartwuchs angereizt hatte.

Auch während ihrer Beziehung hatte er immer
einen gepflegten drei-Tage-Bart getragen, den er
stets als Mittel genutzt hatte, Jackie zu kitzeln.

Bei dem Gedanken an diese Zeit musste Jackie
wieder schmunzeln.

„Jaqueline? Willst du auch ein Stück Kuchen?",
vernahm sie die Stimme ihrer Mutter.

Überrascht richtete sie ihre Aufmerksamkeit
wieder auf den großen Tisch. Ihr direkt gegenüber
tuschelten Heiko und Lene miteinander. Hin und
wieder blickten die beiden kurz zu ihr und Richard,
grinsten dabei verschwörerisch.

„Könntet ihr bitte aufhören zu flüstern?", sagte
Richard mit einem schiefen Grinsen.

„Lass sie doch.", erwiderte Jackie halblaut. „Die
reden eben … über uns." Ein wenig Schüchternheit
klang in ihren Worten mit.

Lene grinste.

„Ist halt niedlich euch beide wieder zusammen
zu sehen.", sagte sie und zwinkerte ihnen zu.

Richard streckte ihr die Zunge raus.

Jackie schob sich mit dem Kaffeelöffel eine Portion Kuchen in den Mund. Die Süßspeise war cremig, schmeckte herrlich fruchtig. Sie genoss den süßen Geschmack von Erdbeeren zusammen mit der säuerlichen Süße der Mandarinen.

Der Früchtekuchen war ein Werk ihrer Mutter, die diesen gestern Vormittag gemacht hatte. Um sich während Wartezeiten abzulenken kam die ältere Frau schon immer auf die kuriosesten Ideen.

Jackie erinnerte sich an einen Zwischenfall, als Lene sich als kleines Kind beim Herumtoben den Arm gebrochen hatte. Der Familienarzt hatte sich damals zu einer Visite angemeldet, verspätete sich allerdings sehr. Ihre Mutter hatte dann kurzentschlossen tatsächlich angefangen zusammen mit den Kindern einen Kuchen zu Backen, um ihnen die Wartezeit zu verkürzen. Der Arzt hatte nicht schlecht gestaunt, als er das Backwerk mit der Aufschrift „Danke, Onkel Doktor" von ihr überreicht bekam. Selbstverständlich hatten sie den Kuchen dann alle gemeinsam verputzt, und er war super lecker gewesen.

Plötzlich spürte Jackie eine Hand auf dem Arm.

Sie blickte auf und sah, dass ihre Mutter sie leicht besorgt ansah.

„Du wirkst abwesend, Kind.", sagte die ältere Frau. „Alles okay?"

Sie lächelte, und erwähnte ihre Erinnerung. Sogleich begann ihre Mutter das ganze Geschehen zu berichten, was den Mädchen ein beschämtes Lächeln bescherte. Vor allem Lene fühlte sich leicht ertappt.

Anschließend herrschte eine kurze Pause, während der nur das Klappern von Besteck, leises Schmatzen und die ruhige Musik aus dem CD-Radio zu hören waren.

Schließlich brach der Herr des Hauses das allgemeine Schweigen.

„Sag mal, Richard.", begann er. „Du bleibst ja noch zum Abendessen." Bei diesen Worten warf er Jackie ein verschmitztes Grinsen zu. „Heute läuft dann ja auch ein Fußballspiel im Fernsehen. Wenn du magst, kannst du gerne mit schauen."

Der junge Mann überlegte. Wie üblich strich er sich dabei mit der Spitze des rechten Daumens über das Kinn.

Dies war ebenfalls etwas, das Jackie an ihm mochte. Immer wenn Richard über etwas nachdachte, machte er diese verräterische Bewegung.

Hannah mischte sich ein.

„Das Spiel geht aber doch bestimmt wieder so

lange.", warf sie ein.

„Er schläft doch eh hier.", gab Robert zurück.

Jackie's Kopf zuckte von ihrer Mutter zu ihrem Vater.

„Was?", entfuhr es ihr.

In diesem Moment fingen ihre Eltern an zu lachen. Auch Lene und Heiko amüsierten sich über die überraschte Reaktion.

„Wie, er schläft hier?" Jackie warf einen Blick auf Richard, der ebenfalls ein wenig überrascht wirkte.

Er blickte zu ihr und zuckte mit den Schultern. Ein Lächeln umspielte seine Lippen.

„Nur, wenn du nichts dagegen hast, Jackie.", sagte er ruhig.

Sie senkte den Blick, und überlegte. Konnte dies etwa ein Plan ihrer Eltern sein, um Richard und sie wieder zusammen zu bringen? Aber Lene hatte ihr schließlich versichert, dass er wohl aktuell keine feste Beziehung suche.

Jackie ließ ihren Blick durch die Runde wandern. Gespannte Blicke waren auf sie gerichtet. Lene und Heiko kicherten sogar ein wenig. Ihr Blick blieb an Richard's markantem Gesicht hängen. Sie verlor sich beinahe in seinen dunkelblauen Augen.

Mit einem sanften Lächeln sagte sie: „Wenn du magst, darfst du gerne bleiben."

Die Nacht war hereingebrochen. Der helle Vollmond verteilte sein Licht über den nahezu wolkenfreien Sternenhimmel. Nur einige wenige Wolkenfetzen zogen gemächlich über das sonst freie dunkle Firmament.

Die Natur hatte die Abkühlung durch den Regen, der den kompletten Nachmittag und Abend des Tages angedauert hatte, sichtlich benötigt. Direkt über dem Boden hatten sich schwache dunstige Schleier gebildet, die im Mondschein deutlich zu erkennen waren.

Jackie saß vor der Veranda, genauer gesagt auf der Hollywoodschaukel, genoss die kühle Abendluft. Die Schachtel mit den Zigaretten lag zwar in Reichweite, doch im Augenblick war ihr nicht nach rauchen. Ihre Gedanken waren zu verworren, und sie versuchte sie zu ordnen.

Nach dem gemeinsamen Abendessen mit Bratwurst vom Grill, angebratenem Schinkenspeck, getoastetem Brot und auch einigen Flaschen Bier, hatten sich die Männer in das Wohnzimmer begeben. Die Frauen hatten gemeinsam die Küche aufgeräumt und den Abwasch erledigt.

Anschließend hatte sich ihre Mutter in das elterliche Schlafzimmer zurückgezogen. Sie hatte die Männer nicht beim Fußballschauen stören wollen, und zog es daher vor, es sich mit einem ihrer unzähligen Bücher gemütlich zu machen. Sie war eindeutig eine Leseratte.

Lene hatte es stattdessen vorgezogen, sich an ihren Heiko anzukuscheln. Sie interessierte sich zwar überhaupt nicht für die Ballsportart, welche diese Nähe ihr damit nun aufzwang, aber dafür war sie sehr anhänglich. Heiko war ihr erster fester Freund, und sie genoss es, in seiner Nähe zu sein. Es hatte beinahe schon einen Anflug von Suchtverhalten.

Jackie wiederum hatte sich für die frische Kühle des Abends entschieden.

Sie fühlte sich hin und her gerissen, seit sie beim Kuchenessen erfahren hatte, dass Richard tatsächlich über Nacht bleiben würde. Zwar hatten ihre Eltern angeführt, dass er im Gästezimmer schlafen könnte, dem ehemaligen Zimmer der ältesten Schwester Katja. Doch war das eher ein beiläufiger Vorschlag gewesen.

Sie wusste, dass nicht nur Lene darauf wettete, dass Jackie und Richard letztlich das Bett teilen würden. Aber sie hatte Zweifel.

Richard's Anwesenheit, schon der Gedanke ihn wiederzusehen, hatte es tatsächlich beinahe geschafft, Jana aus ihren Gedanken zu vertreiben.

Doch immer noch sah Jackie das Bild der exotischen Frau vor ihrem geistigen Auge aufleuchten. Sie wollte sie auch nicht vergessen.

Sie wusste nicht, was sie machen sollte.

Zwar war die Vorstellung sehr verlockend, die Nacht mit Richard zu verbringen, aber irgendwie hatte dies für sie auch den Anschein von Verzweiflung. Zudem hatte er auch erst eine Beziehung beendet, so dass es wie ein Ausnutzen wirken würde.

„Was soll ich bloß machen?", fragte sie leise in die mondhelle Nacht hinaus.

Von drinnen war Jubel zu vernehmen. Offensichtlich hatte die von den Männern favorisierte Mannschaft ein Tor erzielt.

Schon in ihrer Kindheit und Jugendzeit hatte ihr Vater bei jedem Tor seiner Lieblingsmannschaft derartig gejubelt. Meistens hatte er die Spiele damals im Radio verfolgt, da er die meiste Zeit des Tages draußen zu tun gehabt hatte. Nur wenn die Arbeit erledigt war, hatte er es sich früher vor dem Fernseher gemütlich gemacht. Aber mittlerweile war er schon älter, so dass auch mal etwas liegen blieb.

Seit jedoch Heiko und Lene ein Paar waren, nutzte er die jugendliche Kraft und Ausdauer seines Schwiegersohnes in spe, um auch selber wieder ordentlich und ausgiebig auf dem Hof zu arbeiten. Heiko störte das nicht. So wie auch Richard war er schon früh an die körperliche Arbeit auf einem Bauernhof herangeführt worden.

Das Geräusch von nackten Füßen auf dem Küchenboden vertrieb Jackie's Gedanken.

Lene stand in der Tür, zog gerade ihre Hauslatschen an und kam dann nach draußen.

„Die machen ein Gedöns.", sagte sie lachend und griff nach der Zigarettenschachtel. „Der Gegner hat ein Eigentor gemacht, und die Fans rasten aus."

Jackie hielt ihr das Feuerzeug hin.

„Ist doch verständlich.", erwiderte Jackie. „Aber warte mal, bis ein richtiges Tor fällt."

Sie nahm nun selber eine Zigarette aus der Schachtel, und Lene gab ihr Feuer.

Dann lehnte die jüngere Schwester sich an die Wand der Veranda, ließ eine dünne Rauchfahne aus dem Mund entweichen. Sie blickte Jackie wartend an.

„Also?", fragte sie.

Jackie lachte leise.

„Ja.", gab sie zu. „Die Überraschung ist euch gelungen."

Lene grinste frech und gestand, dass sogar Richard davon nichts geahnt hatte.

„Also wollte er gar nicht bleiben?", fragte Jackie.

„Naja.", begann Lene gedehnt. „Er wusste, dass er zum Abendessen eingeplant war. Aber Heiko, Mama und Papa hatten überlegt, dass es für euch vielleicht nett wäre, wenn er hier übernachtet."

„In Kati's Zimmer."

Die jüngere Schwester kicherte leise.

„Das war doch ein Spaß von Mama.", sagte sie, genau wissend dass Jackie sich dessen selbstverständlich bewusst war. „Aber die Entscheidung liegt natürlich bei euch beiden."

Jackie lächelte, blies etwas Rauch aus.

In der Tat gefiel ihr der Gedanke, neben Richard einzuschlafen und aufzuwachen. Als sie noch ein Paar gewesen waren hatte sie es geliebt, ihn morgens zu betrachten. Sie war fast immer vor ihm aufgewacht, und hatte den Schlafenden dann einfach nur verliebt angesehen.

„Mein Bett ist ja groß genug.", sagte sie plötzlich mit einem breiten Lächeln. „Und es muss ja nichts passieren."

Jackie spürte wieder die in ihren Wangen aufsteigende Wärme.

„Muss nicht." Lene grinste vielsagend.

Sie wusste, dass ihre ältere Schwester die damalige Trennung von Richard nicht wirklich gewollt hatte. Aber die Lebenspläne der beiden waren einfach zu gegensätzlich gewesen, so dass eine langfristige Beziehung mit einer gewissen Wahrscheinlichkeit zum Scheitern verurteilt gewesen wäre. Die Trennung in Freundschaft war für beide die sicherste Methode gewesen, um zumindest kein böses Blut entstehen zu lassen.

„Was passiert eigentlich", fragte Lene plötzlich. „wenn es wirklich wieder richtig funkt zwischen euch? Wegen Beziehung und so, meine ich."

„Du sagtest doch, dass er derzeit nichts Festes will.", stellte Jackie fest, und blickte Lene an.

Diese nahm noch einen Zug von der Zigarette und schnippte den Stummel dann vor der Veranda in eine kleine Pfütze.

„Nun, das hat zumindest Heiko mir so gesagt.", gab sie zurück. „Allerdings hab ich so das Gefühl, dass es für Richard mit dir was anderes ist, Schwesterchen. Die Begrüßung kam ja nicht nur von dir."

Jackie erwiderte nichts.

Tatsächlich hatte sie sich nach der Trennung jahrelang vorgestellt wie es wäre, wenn sie dem Leben in der Stadt einfach wieder den Rücken gekehrt hätte. Eine Rückkehr zu Richard wäre ihr Traum gewesen. Doch sie hatte sich bereits eine Existenz aufgebaut, Sicherheit erreicht. Lediglich eine dauerhafte Beziehung fehlte nach wie vor zum vollendeten Glück.

Aber Richard würde in einer Stadt niemals glücklich werden. Wahrscheinlich würde er eingehen, wie eine falsch gepflegte Pflanze. Und sie selbst konnte sich ein Leben auf dem Land wiederum nicht mehr wirklich vorstellen.

Sie seufzte hörbar.

„Ist schon doof.", gab sie zu.

Lene setzte sich zu ihr auf die Hollywoodschaukel, legte den Arm um ihre Schwester.

„Ja. Er ist hier, du bist ein Stadtmensch geworden."

„Mit Verpflichtungen und einem festen Job.", ergänzte Jackie.

„Aber du könntest doch umziehen.", schlug Lene vor. „Notfalls findest du auch hier in der Umgebung eine Anstellung als Tätowiererin."

Jackie schüttelte den Kopf.

„Das ist es ja gar nicht.", sagte sie. „Nicht nur, meine ich. Klar könnte ich hier Arbeit finden, auch wenn das dann kein Tattoo-Studio wäre."

Sie zögerte. Sie wusste, dass sie kurz davor war, ihrer Schwester alles offen zu legen.

Angestrengt überlegte sie, ob sie Lene wirklich genug vertraute, um mit ihr über ihre derzeitige emotionale Verwirrung zu reden. Sie glaubte zwar, dass ihre Schwester darüber schweigen würde, aber es wäre sicher nicht mehr dasselbe.

Mit einem Lächeln lehnte Jackie den Kopf an Lene's starke Schulter. Sie hatte sich doch dagegen entschieden, wollte ihrer Schwester nichts über ihr plötzliches Verlangen nach der Zuwendung der exotischen Frau verraten.

Leise murmelte sie: „Es ist einfach nur stressig zur Zeit. Ich überlege auch, ob ich nicht irgendwie einen anderen Weg gehen will."

„Du willst kündigen?", hakte Lene nach.

„Ich weiß noch nicht.", gab Jackie ehrlich zu. „Ich überlege, einfach mal was anderes zu machen."

Eine Weile saßen die beiden ungleichen Schwestern schweigend auf der Hollywoodschaukel, die sich leicht bewegte. Es war seltsam. Obwohl zwischen beiden inzwischen Welten lagen, bildlich gesprochen, bestand immer noch dasselbe Band zwischen ihnen wie damals.

Vielleicht lag dies an dem Fakt, dass sie Schwestern waren. Allerdings müsste dann auch zu Katja eine ähnliche Verbindung bestehen, und dem war nicht so. Jedoch waren sich Jackie und Marlene schon immer näher gewesen, als sie es zu ihrer ältesten Schwester waren.

Katja war eher eine Einzelgängerin. Anders als die jüngeren Schwestern der Familie Winter, die stets zusammenhielten, und füreinander da waren, hatte es die Älteste immer vorgezogen, alles alleine anzugehen. Sie hatte niemals das Bedürfnis gehabt, sich irgendwem anzuvertrauen, oder um Hilfe zu bitten. So war es schließlich auch für niemanden eine wirkliche Überraschung gewesen, als sie vor etwa sechseinhalb Jahren ihren Auszug verkündet hatte.

Es war zwar schon irgendwie komisch gewesen, als sie nicht mehr da gewesen war, aber sie hatten sich schnell daran gewöhnt. Seither kamen nur sporadische Nachrichten von der Karrierefrau. Postkarten aus ausländischen Urlaubsorten, Geschenke zu Geburtstagen und an Weihnachten, und gelegentlich auch mal ein, zwei Anrufe im Jahr. Ansonsten hielt sich Katja stets aus dem heimatlichen Idyll raus, lebte ihr eigenes Leben.

Jackie griff nach der Zigarettenschachtel, reichte Lene ein Stäbchen und nahm sich ebenfalls eines. Gemeinsam saßen sie da und ließen abwechselnd den bläulich grauen Rauch aufsteigen.

Das Fußballspiel war immer noch im Gange, und vor dem Endergebnis würden die Männer den Tag wohl kaum beenden wollen. Vor allem ihr Vater würde bis zur letzten Spielminute mitfiebern.

Eine leichte Brise ließ die Schwestern plötzlich enger zusammen rutschen.

„Jackie.", begann Lene plötzlich.

„Ja?"

„Mal ganz ehrlich.", sagte die kräftige junge Frau. „Wenn Richard mehr wollen würde, was würdest du tun?"

Jackie stutzte.

„Was mehr wollen würde?", fragte sie.

„Eine Beziehung, mit dir."

Die Dreiundzwanzigjährige zögerte.

„Ich weiß nicht.", gab sie schließlich zu. „Aber es wäre schon irgendwie toll."

Lene schmunzelte.

„Ich könnte Heiko vielleicht dazu bringen, ihn mal darauf anzusprechen.", schlug sie vor.

„Nein.", gab Jackie zurück, ohne zu überlegen. „Das wäre nicht richtig."

Sie lächelte ihre Schwester an.

Lene schob ihre Unterlippe vor.

„Na gut.", sagte sie. „Aber wenn das doch kommen sollte, wenn er es anspricht, dann denk' bitte wirklich drüber nach. Versprochen?" In den Augen der kräftigen Frau lag ein beinahe flehender Ausdruck.

Jackie nickte, und drückte sich gegen den muskulösen Körper ihrer jüngeren Schwester.

Plötzlich vernahmen die beiden erneuten Jubel aus dem Wohnzimmer.

„Lass uns reingehen.", schlug Jackie vor.

Richard saß auf dem Bett, ließ seinen Blick in Jackie's ehemaligen Zimmer umherschweifen.

Nachdem das Fußballspiel schließlich vorbei gewesen war, hatten die fünf noch ein wenig geplaudert. Bei Robert und Heiko drehten sich die Gesprächsthemen selbstverständlich um das Spiel, da beide gleichsam vernarrt in den deutschen Nationalsport waren. Es war reines Glück gewesen, dass keine ihrer eigentlichen Lieblingsmannschaften gespielt hatten. Somit hatten sie sich zusammen für dieselbe Mannschaft entschieden. Der finale Sieg der ausgewählten Mannschaft war demzufolge für beide sehr erfreulich gewesen.

Die beiden jungen Frauen hatten sich ungefähr zur Hälfte der zweiten Halbzeit zu ihnen gesetzt. Ihr Interesse hatte weniger an dem Fußballspiel gehangen, sondern eher an der Gesellschaft.

Marlene hatte sich zu Heiko auf die Couch gesetzt, seinen Arm um sich gelegt. Er hatte ein breites Lächeln im Gesicht gehabt, sich aber weiter auf das Geschehen auf dem großen Bildschirm konzentriert.

Und Jackie hatte erst ein wenig unschlüssig geschaut, sich dann aber tatsächlich zu Richard gesetzt. Der Sessel war allerdings nicht breit genug für zwei Personen. Deshalb hatte sie sich auf der Armlehne nieder gelassen, ihren Arm sanft auf seine Schultern gelegt.

Bei dem Gedanken daran legte sich ein verträumtes, glückliches Lächeln auf das Gesicht des siebenundzwanzigjährigen Mannes.

Als er sie heute gesehen hatte, das erste Mal seit etwa dreieinhalb Jahren, hatte er eine Mischung aus den verschiedensten Gefühlen gehabt.

Seit der Trennung, die sie damals gemeinsam beschlossen hatten, hatte er sie nur ein weiteres Mal gesehen. Es war zum achtundvierzigsten Geburtstag ihres Vaters gewesen. Schon damals hatte ihm der Anblick der wunderschönen Frau regelrecht die Sprache verschlagen, und er hatte damals bei der Begrüßung tatsächlich ein wenig gestottert.

Und als er sie heute getroffen hatte war es ähnlich gewesen. Es war ein Zeichen, dass die Gefühle immer noch da waren.

Hätte Heiko ihm nicht diesen Schubs gegeben, hätte Richard mit Sicherheit kaum mehr als ein

Winken fertiggebracht.

Glücklicherweise hatte Jackie die Initiative ergriffen. Allerdings hätte er nie mit einer solchen Begrüßung gerechnet. Die Umarmung hatte ihm schon viel bedeutet. Aber dass Jackie dann seinen Kopf herunterzog, und sich ihre Lippen trafen, das hätte er nie zu hoffen gewagt.

In diesem wunderbaren Augenblick hatte die Zeit still gestanden.

Und nun saß er in ihrem Zimmer, auf ihrem Bett.

Jackie war noch im Badezimmer. Sie wollte das MakeUp entfernen, hatte sie gesagt.

„Warum?", hatte Richard gefragt. „Es sieht doch so gut aus."

Tatsächlich hatte er sich selbst im Laufe des Nachmittags und Abends mehrmals dabei ertappt, wie er sie schweigend angesehen hatte. Dass ihre jüngere Schwester ihr das MakeUp verpasst hatte, war ihm sofort klar gewesen. Marlene hatte einfach ein Händchen für solche Dinge.

Dennoch hatte Jackie darauf bestanden.

Dieser Umstand hatte ihm nun die Chance gegeben, seine Gedanken ein wenig treiben zu lassen, und sich umzusehen.

Der Raum war, abgesehen von einigen an der Wand zu Lene's Zimmer aufgestapelten Kartons und Kisten, unverändert. Obwohl er seit Jahren das erste Mal wieder in diesem Zimmer war, war ihm nicht viel Neues aufgefallen. Dieselben Schränke, die gleiche Kommode neben dem großen Fenster. Auch dasselbe große Bett, welches früher im Schlafzimmer der Eltern gestanden hatte, bis diese sich ein neueres Modell zugelegt hatten.

Richard wusste noch genau, wie er es gemeinsam mit Robert auseinandergenommen und hier oben wieder zusammengebaut hatte. Damals waren er und Jackie knapp ein Jahr zusammen gewesen.

„Schöne Erinnerungen.", murmelte er, und ließ sich rückwärts auf die Laken sinken.

Eine Weile lag er so da, blickte an die Zimmerdecke.

Sein Puls hämmerte. Er ignorierte das heftige Schlagen seines Herzens, dachte an das Gefühl, als seine und Jackie's Lippen sich heute wiedergefunden hatten.

Er hatte es sich immer gewünscht, aber nie wirklich daran geglaubt. Und dass gerade Jackie diesen Schritt gegangen war, hatte ihm klar gemacht, dass es ihr ähnlich ergangen sein musste.

Zwar hatte Richard in der Zeit seit der Trennung durchaus ein paar Beziehungen gehabt, die letzte lag nun knapp ein halbes Jahr zurück. Aber es war niemals so gewesen, wie zwischen ihm und Jackie. Eventuell war dies auch der Grund, warum diese Beziehungen niemals gehalten hatten.

Vielleicht hing sein Herz einfach viel zu sehr an dieser einen Frau? Und zwar so sehr, dass keine andere sich darin würde richtig einbinden können.

Ein Geräusch riss den jungen Mann aus seinen Gedanken. Schritte, die auf dem Flur zu hören waren.

Als die Zimmertür sich öffnete, richtete Richard sich auf. Jackie trat ins Zimmer. Sie trug immer noch das himmelblaue ärmellose Oberteil mit dem aufgedruckten Kussmund, hatte aber die kurze Jeanshose ausgezogen. Statt der Hose hatte sie nun rosafarbene Boxershorts an.

Ein leicht schüchternes Lächeln lag auf ihrem Gesicht, als sie seinen aufmerksamen Blick bemerkte, der über ihren Körper wanderte.

„Du siehst toll aus.", sagte er schließlich.

Jackie spürte das Blut in ihre Wangen schießen.

„Ach, hör auf.", sagte sie mit einem breiten Lächeln.

Die junge Frau spürte ein deutliches Kribbeln in ihrem Bauch, als sie die Türe hinter sich schloss. Sie ließ die Hand auf der Klinke ruhen, und blickte zu dem Mann, der auf ihrem Bett saß.

Ihre Gedanken rasten.

„Reden?", fragte sie leise.

Richard klopfte leicht neben sich auf das Bett.

An seinem Gesicht erkannte Jackie, dass es ihm wohl ebenso ging wie ihr. Auch er war nervös.

„Worüber möchtest du reden?", fragte er schließlich, als sie mit angewinkelten Knien auf dem Bett Platz genommen hatte.

Jackie überlegte. In den Jahren nach der Trennung hatte sie zwar schon ab und zu an Richard gedacht, aber nun hier mit ihm zu sitzen, ließ sie an ganz andere Sachen denken. Die Hitze in ihren Wangen veranlasste sie dazu, den Blick von ihm abzuwenden.

Sie räusperte sich und fragte: „Was hast du denn so gemacht, seit damals?" Es war eine weitgefasste Frage, aber mehr wollte ihr in diesem Augenblick nicht einfallen.

Richard lachte.

„Alles was ich gemacht habe? Oder reicht ein grober Abriss?"

Das freche Lächeln, das Richard bei diesen Worten zeigte, ließ Jackie's Herzfrequenz ansteigen.

„Ein Abriss reicht auch.", erwiderte sie, und versuchte ihre geröteten Wangen zu verbergen, indem sie den Kopf etwas absenkte. Zweifelsohne war sich

Richard seiner Wirkung auf sie bewusst, denn er senkte ebenfalls ein wenig den Blick.

„Viel Arbeit, Papa hat mir ja den Hof überlassen.", begann er zu erzählen. „Er arbeitet zwar auch noch viel mit, aber das Meiste erledige ich. Und Heiko kümmert sich um den Fuhrpark."

Jackie nickte. Es war schon immer klar gewesen, dass beide Brüder das Familienunternehmen zusammen weiterführen würden. Aber Heiko's Begabungen lagen eher in maschinellen Bereichen, so dass er sein handwerkliches Talent und seine Ausbildung als Mechaniker eher dafür nutzte.

„Und bei dir?", fragte Richard.

„Ich arbeite immer noch in Hannes' Laden als Tätowiererin, wie du siehst." Ein wenig Stolz schwang in Jackie's Worten mit. „Ansonsten gibt es nicht viel Neues bei mir."

Er ließ seinen Blick über ihre Arme und Beine wandern, betrachtete die kunstvollen Verzierungen. An seinem Lächeln konnte die junge Frau deutlich erkennen, dass ihm der Anblick gefiel.

„Ich hab keine Tattoos, damit du's weißt." Er zwinkerte ihr zu.

Jackie kicherte, und musste gleich darauf ein Gähnen unterdrücken. Trotz ihrer Bemühung hatte Richard es dennoch bemerkt.

„Wir sollten wohl langsam schlafen.", sagte er mit einem Zwinkern.

Jackie nickte lächelnd, unterdrückte ein weiteres Gähnen.

Einander zugewandt nebeneinander liegend, sahen sie sich an. Die junge Frau verspürte ein inneres Drängen, das Verlangen nach mehr. Doch die Müdigkeit, welche die Aufregung des Tages in Kombination mit dem fehlenden Schlaf der letzten Nacht nun in ihr auslöste, war einfach stärker. Egal wie sehr sie sich dagegen sträubte, immer wieder fielen ihr die Augen zu.

Richard streichelte sanft Jackie's Wange, zog sie dann an sich und küsste sie zärtlich auf die Stirn. In seinen starken Armen fühlte sie sich geborgen, wie schon lange nicht mehr. Sie schloss die Augen und war schon nach kurzer Zeit in einen tiefen Schlaf gesunken.

„Ihr habt echt nur gekuschelt?" Lene hob einen der am Vortag gelieferten Futtersäcke aus dem Verschlag. Das Gewicht von fünfundvierzig Kilo pro gefülltem Jutesack war lediglich an der Beschriftung zu erkennen. Die kräftigen Arme der Zwanzigjährigen zeigten zwar deutlich das Hervortreten der ausgeprägten Muskeln, aber es schien die Frau nicht allzu sehr anzustrengen.

„Was heißt hier nur?", fragte Jackie. „Hast du mehr erwartet?"

Lene ließ den Futtersack auf die Schubkarre sinken und zuckte mit den Schultern.

„Nach deiner Begrüßung dachte ich eben, dass ihr was mehr macht.", gab sie grinsend zurück.

Jackie zeigte ein schiefes Grinsen. Ihr war selbstverständlich klar, worauf ihre Schwester anspielte, und sie hätte es sich auch gewünscht. Aber die plötzliche Müdigkeit hatte ihr dieses Vorhaben nicht gegönnt.

„Ich war zu müde.", gestand sie schließlich. „Wenig Schlaf. Und dazu die ganze Aufregung, weißt du."

Lene lachte verstehend. Dann sah sie Jackie frech an.

„Gibst du mir jetzt die Schuld?"

Die ältere Schwester wiegte den Kopf.

„Nur teilweise.", erwiderte sie. „Aber schone mich heute bitte."

Mit einem Grinsen packte Jackie die Griffe der Schubkarre und fuhr diese aus der Scheune.

Das Wetter hatte sich nach dem gestrigen Regennachmittag wieder auf den heißen Zustand der letzten Tage zurück verändert. Die brennende Sonnenscheibe sandte unbarmherzig ihre Wärme zur Erdoberfläche, schien die kurze kühle Phase wieder ausgleichen zu wollen.

Während Jackie die Schubkarre nur die paar Schritte zum zweiten Eingang der Scheune bugsierte, spürte die junge Frau das unangenehm heiße Brennen der Sonne auf ihren unbekleideten Schultern. Das nur durch zwei dünne Träger gehaltene bauchfreie Oberteil war vielleicht doch keine gute Wahl gewesen.

Als das kühle Halbdunkel der Scheune sie wieder umfing, atmete sie auf. Gleich darauf hustete sie, denn die Luft in diesem Teil der Scheune hatte durch die tierischen Bewohner ihr ganz eigenes Aroma. Die in ihren Verschlägen gehaltenen Kühe waren zwar vor der Hitze geschützt, aber leider verteilten sich ihre Ausdünstungen hier drinnen nur sehr schlecht.

„So schlimm riecht es doch gar nicht.", scherzte Lene, die gleich nach Jackie in den Kuhstall eintrat.

„Sagst du.", gab die ältere Schwester zurück. „Du bist ja auch daran gewöhnt."

Gemeinsam füllten die beiden Frauen den Inhalt des Jutesacks in einen großen Behälter um. Dieser sorgte für eine Mischung mit dem übrigen Futter, so dass eine Ladung für mehrere Fütterungen ausreichte.

Lene betätigte den Hebel und setzte die Maschine in Gang, die summend erwachte, und bereitwillig ihrer eintönigen Tätigkeit nachging.

„Und was passiert heute noch?", fragte Lene. Sie sah ihre Schwester neugierig an, wohl wissend dass die Verabschiedung zwischen ihr und Richard heute früh verdächtig kurz war.

Jackie schmunzelte und gestand, dass er auch an diesem Abend wieder zum Abendessen kommen würde. Der Ausdruck in ihrem Gesicht zeigte, dass sie sich schon auf seine Rückkehr freute.

„Liefert er heute wieder etwas aus?", fragte die jüngere Schwester, und ergänzte schnell: „Futter, meine ich." Das Lachen ihrer älteren Schwester zeigte ihr, dass diese die Zweideutigkeit der Frage durchaus bemerkt hatte.

„Ja, aber nicht viel.", sagte sie. „Irgendwas stimmt wohl mit dem Laster nicht."

„Ich weiß. Heiko ist heute Nachmittag auf dem Harder-Hof, um sich den Wagen anzuschauen."

Die beiden jungen Frauen sahen sich an.

„Quasi sturmfrei also?", grinste Jackie ihre Schwester an.

„Nicht lange.", gab diese zurück. „Ist aber auch mal schön so."

Das Lachen von Lene steckte auch Jackie an.

Als sie sich wieder beruhigt hatten, deutete Lene auf den im strahlenden Sonnenschein liegenden Ausgang des Kuhstalls. Jackie seufzte bei dem Gedanken daran, die dunkle Kühle wieder verlassen zu müssen. Trotz des muffigen Geruches war ihr der Kuhstall lieber.

Gemeinsam verließen die beiden jungen Frauen den Stall, brachten die Schubkarre in den Anbau zurück, der als Unterstand für das Werkzeug diente. Anschließend liefen sie über den Hof, in Richtung der Hühnerhäuser.

Ihr Vater und Heiko hatten inzwischen die Arbeit an der zweiten etwa zweieinhalb Meter hohen Hütte begonnen. Auch an diesem, einem sehr kleinen Haus ähnlichen, Gebäude hatte das Dach einige Risse bekommen, die repariert werden mussten. Zudem war auch der oberste Dachbalken durch den Sturm in Mitleidenschaft gezogen worden.

Die beiden Männer hatten sich etwas abseits in den Schatten gesetzt, um sich vor der hochstehenden Sonne zu schützen. Die derzeitigen Temperaturen waren auch ohne harte Arbeit sehr anstrengend.

Als die Frauen sich zu ihnen setzten, grinsten die Männer neugierig Jackie an.

Bevor diese jedoch etwas sagen konnte, ergriff Lene das Wort: „Nur gekuschelt."

Ein amüsiertes aber auch irgendwie enttäuscht wirkendes Lächeln legte sich auf Heiko's Gesicht. Ihr Vater grinste weiterhin und nickte verstehend. Er schien sogar irgendwie ein wenig erleichtert.

„Muss ja auch nicht sofort sein.", sagte Jackie und knuffte ihre Schwester in die Seite.

Sie setzten sich zu den beiden in das knöchelhohe Gras, genossen die etwas kühlere Luft, die dennoch deutlich wärmer war als im Stall. Die Sonne leistete bereits am Vormittag dieses noch jungen Tages ganze Arbeit.

Schließlich begann Robert Winter damit, seinen Töchtern die Pläne für diesen Tag darzulegen.

Da Heiko kurz nach dem Mittagessen zum Hof seiner Familie fahren musste, hatten die beiden zugestimmt ihrem Vater bei der Aufarbeitung des zweiten Hühnerhauses zu assistieren. Zumindest bis zum Abend, da Heiko dann wieder da sein wollte, in Begleitung seines älteren Bruders.

Zuerst musste die Abdeckung des Daches entfernt werden, anschließend die Verstrebungen und der Dachbalken. Wenn dieser ausgetauscht wäre, würden die Verstrebungen und die Abdeckung erneuert, und ein neuer wasserabweisender Belag aufgebracht.

Es hörte sich zwar nicht nach allzu viel Arbeit an, würde aber dennoch einiges an Zeit und Können benötigen.

Es war Nacht geworden. Entgegen der Erwartungen hatte sich die Hitze des Tages auch in den Abendstunden nicht merklich abgekühlt. Fast schien es, als hätte die Natur die Wärme noch für die dunklen Stunden der Nacht gespeichert. Auch der im Laufe des Abends etwas stärker gewordene Wind hatte keine wirkliche Abkühlung mit sich gebracht.

Jackie hatte sich auf das Fensterbrett gesetzt, rauchte eine Zigarette, und dachte an die Ereignisse des Tages zurück.

Es war anstrengend und spaßig zugleich gewesen, mit ihrem Vater und Lene an der Behausung für das Federvieh zu arbeiten. Die beiden hatten fast alle körperlich fordernden Arbeiten beinahe im Alleingang erledigt, so dass Jackie gar nicht allzu viel zu tun gehabt hatte. Lediglich das Zureichen der Werkzeuge, das Räumen und das Heranholen der Erfrischungen, die ihre Mutter bereitet hatte, waren ihre Aufgaben gewesen.

Die Hitze war während des Nachmittags nahezu unerträglich gewesen. So hatten sie auch nur das eine Dach geschafft, was aber laut ihrem Vater nicht weiter schlimm war.

Der Abend war dann schließlich angenehmer verlaufen.

Nach dem gemeinsamen Abendessen, zu dem wie angekündigt auch Richard und Heiko wieder da gewesen waren, hatten sie noch einige Partien Rommé gespielt. Es war schön, nach diesem durchschwitzten Tag zusammen zu sitzen, und sich zu unterhalten.

Und schließlich war ihre Mutter wieder die Erste gewesen, die allen zu vorgerückter Stunde die gute Nacht gewünscht hatte. Das war nun etwa eine halbe Stunde her.

Richard hatte noch ein paar Worte mit ihrem Vater und Heiko wechseln wollen, und Jackie deshalb gebeten, schon auf ihr Zimmer zu gehen. Erst war sie unschlüssig gewesen, aber dann hatte sie eingewilligt.

Nun saß sie auf der Fensterbank und überlegte, weswegen Richard so geheimnisvoll getan hatte. Ihre Gedanken sprangen dabei unaufhörlich von einer Vermutung zur nächsten.

Plante er eine Beziehung, und wollte nun den Segen ihres Vaters dafür? Den würde er ohne weiteres bekommen, das wusste er. Also war dazu eigentlich keine Unterredung nötig.

Oder wollte er gleich den nächsten Schritt wagen, und um Jackie's Hand anhalten? Verlobt waren sie zwar nicht, aber das war auch nicht notwendig. Ihre frühere Beziehung hatte lang genug gedauert, um einander richtig kennen zu lernen. Und auch nach der fünfjährigen Trennung bedeuteten Richard und Jackie sich immer noch sehr viel. Dies war also eventuell eine Möglichkeit.

Vielleicht wollte er aber die ganze Sache auch nur einfach beenden, bevor sie zu weit führte? Sprach er deswegen mit ihrem Vater, damit dieser es seiner Tochter schonend beibringen konnte?

Diese Überlegung gefiel Jackie am allerwenigsten.

Sie schnippte die auf dem Schleppdach ausgedrückte Zigarette vom Dach, nahm eine weitere aus der Schachtel. Nervosität und Ungewissheit waren für die junge Frau ein Auslöser für pures Rauchverlangen.

Soeben wollte sie die Zigarette anzünden, als es an ihrer Zimmertür klopfte.

„Herein?"

Es war Richard, der in das Zimmer trat.

Jackie steckte die Zigarette zurück in die Schachtel, ließ diese auf der Fensterbank liegen, und eilte dann zu ihm. Er schloss sie in die Arme, drückte sie an sich.

„Was war denn so wichtig?" Ein Beben klang in ihren Worten mit.

„Es ging um den Hof.", gab er zurück. „War nichts Wichtiges, keine Sorge."

Jackie verspürte wieder dasselbe Drängen wie am Abend zuvor. Sie löste sich aus Richard's Umarmung, hielt aber seine Hände fest. Ihr Blick zeigte offen, dass sie nicht mehr länger warten wollte.

Richard sah sie kurz fragend an, dann lächelte auch er verstehend.

„Bist du sicher?", fragte er.

Aber diese Worte hätte er sich sparen können, denn schon zog Jackie ihn zum Bett, ließ sich auf die Laken sinken. Richard fing seinen Fall nach vorne geschickt ab, stützte sich mit den Händen neben Jackie's Schultern ab.

Er kannte dieses Lächeln auf ihren Lippen, das Funkeln in ihren Augen. Auch wenn es nun schon Jahre her war, hatte er ihre Kunst der Verführung niemals vergessen.

Langsam ließ Richard sich herabsinken, strich mit seinen Lippen sanft über ihren Mund. Zärtlich ließ er seine Zungenspitze die Form ihrer Lippen nachzeichnen, zog sie aber schnell zurück, als er merkte, dass Jackie ihren Mund öffnete. Schon spürte er die sanfte Berührung ihrer Zunge an seinen Lippen.

Mit den Armen umschlang sie seinen Hals, hielt ihn fest, als er schließlich den Zungenkuss erwiderte. Lockend, tanzend spielten die Zungen der beiden miteinander.

Einander festhaltend erhoben sie sich, machten eine langsame, wie eingeübt wirkende Drehung. Dann ließ Richard sich langsam auf den Rücken sinken, so dass Jackie auf ihm lag.

Sie richtete sich auf, zog ihr Trägertop aus. Nur ihren Büstenhalter ließ sie an. Diesen sollte er selber entfernen.

Richard verfolgte dabei jede ihrer Bewegungen, bestaunte die Tätowierungen welche ihren schlanken Oberkörper zierten.

„Du bist wunderschön, Jackie.", seufzte er, setzte sich dabei auf, zwang die junge Frau dadurch, sich auf seine Oberschenkel zu setzen.

Zärtlich streichelte er ihre Taille. Die junge Frau lächelte, genoss die Berührung seiner kräftigen und zugleich sanften Hände. Sie ergriff den Saum seines T-Shirts, zog es über seinen Kopf. Dann küsste sie Richard, und drückte ihn wieder auf die Laken zurück.

Langsam streichelte sie über seinen Oberkörper. Sie ließ die Fingerspitzen zärtlich von den breiten Schultern über seine muskulöse Brust wandern, dann an den Seiten entlang bis zur Hüfte. Sie biss sich sanft auf die Unterlippe, als sie mit den Händen entlang des Gürtels wanderte.

Ein rascher Blick zeigte ihr, dass Richard die Augen geschlossen hatte. Er genoss ihre Zärtlichkeiten, überließ ihr die Führung. Darin hatte er sich also nicht geändert.

Jackie leckte sich über die Lippen, als sie Richard's Gürtel öffnete und von seinen Beinen stieg. Geschickt zog sie ihm die Hose aus, legte sich dann auf die Seite und ließ ihre Hand wieder langsam nach oben wandern.

Richard schmunzelte als er die Augen öffnete und sie ansah. Er drehte sich, richtete sich dabei halb auf, während Jackie sich auf den Rücken drehte.

Zärtlich küsste er ihren Hals, wanderte mit den Lippen über ihre Brüste. Er schob eine Hand unter die nun leise kichernde Frau, öffnete mit Daumen und Zeigefinger geschickt den Verschluss ihres BHs, den sie daraufhin abstreifte.

„Nichts verlernt?", fragte sie neckisch.

„Wir werden sehen.", erwiderte er und zwinkerte ihr zu.

Jackie sog scharf die Luft ein, als sie Richard's Lippen und Zunge an ihren Brustwarzen spürte. Ein wohliger Schauder durchlief ihren Körper, als seine Hand langsam in Richtung ihrer Hüfte wanderte. Ebenso gewandt, wie er ihren Büstenhalter geöffnet hatte, befreite er sie auch von der kurzen Jeanshose, die sie den Tag über getragen hatte.

Ihre Erregung stieg, als Richard sich wieder neben ihr auf das Laken sinken ließ. Als ihre Blicke sich trafen erkannte auch sie, ohne den Blick schweifen zu lassen, dass er ebenso erregt war. Auch sie konnte das Funkeln in seinen Augen deuten.

Trotz der Trennung, der fünf Jahre ohne Nähe zueinander, hatte die Verbindung zwischen den beiden nichts von ihrer Stärke eingebüßt. Beide wussten, auch ohne es auszusprechen, was der andere wollte. Und sie wollten dasselbe.

Nun übernahm wieder die Frau die Initiative. Sie richtete sich halb auf, glitt sanft mit ihren Händen über Richard's Körper nach unten. Mit flinken Fingern zog sie ihm die Boxershorts aus, befreite ihn damit von seinem letzten Kleidungsstück. Zärtlich streichelte sie sein Glied, welches sich bereits vollends erregt zeigte. Er zuckte unter ihrer sanften Berührung.

Ein Grinsen lag auf ihrem Gesicht, als sie sich Richard's Geschlechtsteil mit den Lippen näherte und ihm einen sanften Kuss auf den Schaft hauchte. Sie merkte, dass Richard während dieser Berührung die Luft anhielt.

„Das bitte nicht.", vernahm sie seine geflüsterten Worte.

Jackie kicherte wieder.

„Und wenn doch?", fragte sie frech, ohne eine Antwort zu erhalten.

Ihr Blick ruhte auf seinem erigierten Penis, beobachtete das ganz leichte Zucken. Sie erkannte daran, dass er wahrscheinlich kurz vor dem Höhepunkt stand.

„Schade.", seufzte sie, und strich noch einmal sanft mit ihren Lippen über das Glied.

Dann richtete sie sich wieder auf, schmiegte sich seitlich an den Körper des Mannes. Ihre Hand jedoch ließ sie wieder nach unten wandern, begann ihn sanft zu massieren. Richard's Erregung war wirklich kurz vor dem Höhepunkt. Dies war an seiner heftigen Atmung deutlich zu erkennen. Und es dauerte auch nicht lange, bis er diesen überschritt.

Ein leises Stöhnen drang über seine Lippen, als sich die Samenflüssigkeit über Jackie's Hand ergoss und auf seinem Bauch verteilte.

Die junge Frau kicherte glücklich, beobachtete genau das Gesicht des Mannes, der sie mit einem leichten Kopfschütteln aber lächelnd ansah.

„Du böses Mädchen!", sagte er nach Luft schnappend.

Sie lächelte nur frech, griff nach einem Handtuch, welches noch von der letzten Dusche des Tages über einem Stuhl neben dem Bett hing. Grinsend wischte sie sich die Samenflüssigkeit von der Hand, blickte dann zu Richard.

„Kannst mich ja bestrafen.", meinte sie fordernd.

Er schürzte die Lippen, richtete sich auf. Mit beiden Händen packte er Jackie an der Taille, zog sie ohne Anstrengung auf seinen Schoß.

„Das klebt doch.", sagte sie lachend, als sie das auf Richard's Bauch gelandete Sperma an ihrem Leib spürte.

„Ich soll dich doch bestrafen, denke ich?", erwiderte er, zog ihren Körper noch dichter an seinen.

„Aber mein Höschen." Jackie spielte die Jammernde nur. Schon als sie noch ein Paar gewesen waren hatte sie seine Stärke bewundert. Richard wusste immer ganz genau, wann er stark und wann sanft zu sein hatte. Vor allem in Augenblicken wie diesem hatte sich diese Fähigkeit schon oft als sehr wichtig erwiesen.

Einen Augenblick später hatte er sich erhoben und gedreht, ließ Jackie sanft auf das Laken hinab. Langsam streifte er ihr das letzte Kleidungsstück ab, betrachtete die nun sichtbaren Tätowierungen.

„Das hat dir bestimmt schon einige Sprüche gebracht.", sagte er, als er die Lotosblume über ihrer Scham erblickte.

„Sag nichts.", flüsterte Jackie mit vor Erregung bebender Stimme. „Nimm mich einfach!"

Richard lächelte die Frau an, die sich vor ihm räkelte. Sie war fast noch schöner, als er sie in Erinnerung hatte. Schlank, sportlich, mit einigen farbigen Verschönerungen. Und jede einzelne war ein Kunstwerk, welches aus verschiedenen Motiven bestand.

Jackie richtete sich halb auf.

„Was ist?", fragte sie besorgt. „Willst du nicht?"

Richard's Grinsen wurde breiter. Er wiederholte ihre Worte von zuvor: „Du sagtest doch, ich könne dich bestrafen." Sein Blick zeigte, dass es ihm Spaß machte.

Er lehnte sich über sie, stützte sich wieder neben ihren Schultern ab. Einzig der Umstand, dass seine Knie sich nun zwischen ihren gespreizten Beinen befanden, und beide nackt waren, unterschied sich von dem Beginn ihres Vorspiels.

Richard wusste, dass Jackie ihn in sich spüren wollte. Und auch er wollte sie spüren. Aber ein wenig ärgern wollte er sie auch, das hatte auch schon früher zu ihrem Liebesspiel gehört. Und er hatte es so lange nicht tun können.

„Bitte.", hauchte sie, ihre Hände an seiner Hüfte. Ihr flehender Blick zeigte ihm, dass sie kaum noch warten wollte.

Ein freches Grinsen legte sich auf Richard's Gesicht, als er sich langsam auf Jackie herabsinken ließ. Schon fühlte er ihre Wärme, vernahm ihren heftiger werdenden Atem.

„Noch nicht.", sagte er leise, und änderte plötzlich die Richtung seiner Bewegung.

Überrascht erkannte Jackie, dass Richard's Gesicht sich an ihrem Oberkörper hinab bewegte. Er liebkoste ihre Brüste, glitt dann mit der Zunge über ihren flachen Bauch. Zärtlich küsste er die Blätter der Lotosblume, leckte sanft über die Abbildung des Fruchtknotens.

Scharf ließ die junge Frau die Luft zwischen ihren Lippen entweichen, als sie seine Zunge an ihrem Kitzler spürte. Das Verlangen welches in ihr brannte, wurde durch diese innige Berührung nur noch mehr angefeuert. Doch sie wusste, dass dies nun eine Art Spiel für Richard werden würde.

Sie kannte seine Vorliebe für das Scharfmachen noch sehr gut. Er würde nicht einfach mit diesem Verwöhnen aufhören.

Schon spürte sie das innere Zittern und Beben, das angenehme Schaudern und Kribbeln, welches dem Erreichen ihres Höhepunktes immer vorausging. Sie ließ sich zurücksinken, begann heftiger zu atmen, begleitet von lauter werdendem Stöhnen.

„Oh Gott.", entfuhr es ihr flehend. „Schneller, bitte."

Doch stattdessen stoppte Richard sein Zungenspiel. Den fragenden Blick der Frau, die immer noch leicht zitterte, beantwortete er mit einem Zwinkern.

Sofort verstand Jackie, was der Mann tat.

„Du bist gemein.", sagte sie leise, lächelte jedoch.

Kaum hatte ihre Atmung wieder ein beinahe normales Level erreicht, war das Beben ihres Unterleibs abgeflaut, da begann Richard erneut mit dem Zungenspiel an ihrem Kitzler. Diesmal drang er auch mit einem Finger in ihre schon sehr feuchte Scheide ein, vollführte kreisende Bewegungen.

Jackie versuchte ihr lustvolles Stöhnen zu unterdrücken, biss schließlich in ein Kissen, als sie wieder kurz davor war. Das zarte, warme Spiel von Richard's Zunge an ihrem Kitzler, das Gefühl seines kreisenden Fingers in ihrer Spalte, all das heizte ihre Lust immer mehr an.

Doch wieder stoppte der Mann sein Spiel, betrachtete sie mit einem frechen Grinsen, während ihre körperliche Erregtheit langsam wieder absank. Er liebte dieses Spiel, das hatte er schon immer.

Er liebte es, Frauen mehrmals bis kurz vor den Höhepunkt zu stimulieren, um sie dann kurz warten und abkühlen zu lassen. Auf diese Art hatte er auch schon damals Jackie wild gemacht. Es hatte dem Sex mit ihr immer einen ordentlichen Reiz verliehen.

Als er merkte, dass sie sich wieder beruhigt hatte, setzte er zum dritten Mal an. Seine Zunge umkreiste wieder den Kitzler, spielte zärtlich damit. Er nahm ihn zwischen seine Lippen, saugte sanft.

Diesmal drang er zudem mit dem Zeige- und Mittelfinger der rechten Hand in ihre Scheide ein. Sanft strich er über die fordere Scheidenwand, bis er die kleine Verhärtung entdeckte. Zufrieden, ihren G-Punkt entdeckt zu haben, begann er sie daran zu stimulieren. Jede der streichelnden Bewegungen seiner Finger ließ Jackie's Unterleib erbeben.

Mit dem freien linken Arm umschloss Richard Jackie's Hüfte, hielt sie somit auf dem Laken, und in seiner Kontrolle. Sie wand sich, jedoch aus Vergnügen und Wollust.

Schließlich erfolgte ihr Aufbäumen, begleitet vom Zittern und Stöhnen der Lust. Sie griff seinen Kopf, hielt ihn an ihrer Scheide, damit er nicht aufhören würde.

„Mach weiter!", hauchte Jackie, nur um zu erkennen, dass dies ohnehin Richard's Plan war.

Sie sank wieder auf das Laken, wand sich, genoss das Gefühl, als sie den Höhepunkt erreichte. Ein langes Stöhnen entrang sich ihr, als sie bebend auf dem Bett lag, und die Wellen der Befriedigung ihren Körper durchfluteten.

Längst hielt sie Richard's Kopf nur noch mit einer Hand an ihrer Scham. Die andere Hand krallte sich in den Stoff des Lakens, zerrte mit jedem erneuten Aufstöhnen daran.

Schließlich flachte ihre Erregtheit wieder ab, schaffte dem seligen Gefühl des Glückes Raum. Mit einem zufriedenen Seufzen umschloss Jackie Richard's Kopf mit beiden Händen. Sie spürte, wie er die Finger aus ihrer Scheide holte, vernahm das Schmatzen, als er sie ableckte.

Mit einem Grinsen kroch er dann zurück auf das Bett, nahm wieder seine Position über ihr ein. Langsam ließ er seine Hüfte absinken, nur so weit, dass die Spitze seines wieder versteiften Gliedes ihre Scheide berührte. Frech grinsend verharrte er in dieser Position. Er spürte die warme Feuchtigkeit, hatte auch schon zuvor den süßlichen Duft genossen.

Auch Jackie's Lippen wurden plötzlich von einem Grinsen umspielt. Richard's abgesenkte Hüfte umfassend und festhaltend, drückte sie ihre Hüfte nach vorne. Sie spürte, wie sie sein Glied dadurch in ihre Scheide einführte. Ein hörbares Ausatmen drang über ihre Lippen, als sie lächelnd ihre Augen schloss.

Auch Richard lächelte glücklich, drückte seine Hüfte sanft gegen ihre, bis Jackie wieder vollends auf dem Laken lag.

Beginnend mit sanften Bewegungen, die nur langsam schneller wurden, führten die beiden einander dem Höhepunkt entgegen. Das gemeinsame unterdrückte Stöhnen wurde nur ab und zu durch heiße, leidenschaftliche Küsse unterbrochen.

Als Richard's Bewegungen immer schneller wurden, seine Atmung heftiger, drückte Jackie ihre Hüfte fest gegen seine, krallte sich mit den Fingern in seinen Hintern, hielt ihn fest. Sie fühlte genau den Augenblick, als er sich in ihr entlud, nur wenige Sekunden bevor sie selber erneut den Höhepunkt erreichte.

Ihr ganzer Körper bebte, zitterte, als sie ein langes und leider auch deutlich hörbares Stöhnen nicht mehr unterdrücken konnte.

Auch Richard presste ein hörbares „Oh Gott." hervor, obwohl er sich eigentlich bemüht hatte nicht zu laut zu sein.

„Sorry.", zischte Jackie mit einem lachenden Unterton. „Ging nicht anders."

Schwer atmend sahen sie einander an. Ein glückliches Lächeln umspielte ihre Lippen, als sie beinahe gleichzeitig sagten: „Du warst lauter."

Nachdem ihre Erregung abgeklungen war, und sich die Atmung und ihre bebenden Körper beruhigt hatten, lagen sie eng aneinandergeschmiegt auf dem Bett. Richard starrte an die Decke, während Jackie ihre linke Hand sanft über seinen Oberkörper streicheln ließ.

„Was hast du, Richard?", fragte sie leise.

Er atmete tief durch, blickte sie schweigend an.

Sie hob den Kopf, erwiderte seinen Blick. In den Augen des Mannes lag ein Ausdruck, der in ihr Herz drang. Sie fürchtete die Worte, die diesem Blick würden folgen können.

Noch einmal holte Richard Luft, dann fragte er: „Wie soll es mit uns weitergehen?"

Ihre Lippen öffneten sich um etwas zu erwidern, doch er bedeutete ihr zu warten.

„Jeder von uns hat sein Leben, Jackie.", fuhr er fort. „Du lebst in der Stadt, ich hier auf dem Land."

„Ich könnte umziehen.", schlug sie zögernd vor.

Richard lächelte, verneinte diesen Vorschlag jedoch. Selbst wenn es sein Wunsch wäre, wäre es dennoch zu viel verlangt.

Jackie ließ ihren Kopf auf Richard's Brust sinken, die sich im Rhythmus seiner Atmung hob und senkte. Es war beinahe derselbe Wortlaut wie damals, als sie sich getrennt hatten.

„Ich will nicht, dass es wieder so endet, Richard.", sagte sie und unterdrückte ein Schluchzen.

„Das muss es auch nicht.", gab er zurück.

Sie hob den Kopf wieder, richtete sich halb auf. „Wie meinst du das?", fragte sie überrascht.

Richard streckte seinen linken Arm durch, auf dem Jackie gelegen hatte. Er schmunzelte, als er begann ihr seinen Vorschlag zu unterbreiten. Fasziniert hörte die junge Frau zu.

Die Urlaubstage neigten sich dem Ende entgegen.

Jackie hatte ihre Sachen im Verlauf der zweiten Woche bei ihren Eltern nach mehreren, durch die Hitze und dem damit verbundenen Schwitzen, notwendigen Wäschen und anschließendem Trocknen nach und nach wieder in ihrer Reisetasche verstaut. Mit der letzten Wäsche hatte nun auch der letzte Tag ihres Urlaubs auf dem Hof der Familie Winter seinen Anfang genommen.

Wehmütig dachte die junge Frau an die vergangenen Tage zurück. Es war schön, alle wiedergesehen zu haben, vor allem Lene, Heiko und ganz besonders Richard.

Mit ihren Eltern hatte Jackie ja sonst immer telefoniert, war daher über ihr Leben weitgehend informiert. Aber ihre Schwester war stets beschäftigt, genauso wie Heiko. Und zwischen ihr und Richard hatte viel zu lange Funkstille geherrscht.

Nun hatten sich beide gegenseitig versprochen, miteinander in Kontakt zu bleiben. Dies war wichtig, um die Verbindung zwischen einander aufrecht zu erhalten. Vor allem wegen Richard's Vorschlag.

Jackie's erste Reaktion auf seine Worte war „Das kann nicht dein Ernst sein?!" gewesen.

Aber Richard hatte ihr die Sache noch einmal erklärt.

„Warum nicht?", waren seine Worte gewesen. „Das ist wie diese „Freundschaft mit Sonderleistungen"."

„Hab ich schon gehört. Aber wie stellst du dir das vor?", hatte sie gefragt. „Da müssten wir doch erst recht am selben Ort wohnen, oder? Sonst bringt es doch nichts."

Er hatte ihr seine Überlegung erklärt: „Solange wir zusammen sind, also so wie jetzt, sind wir ein Paar. Und ansonsten da halten wir einfach Kontakt."

Sie hatte seinen Plan rasch erkannt. Solange beide keine festen Partner hätten und ehrlich zueinander wären, könnte man diese spezielle Form von Beziehung vielleicht wirklich einhalten. Der Kontakt zueinander hatte wieder bestand, und beide wollten diesen auch aufrecht erhalten.

„Falls dann aber doch einer von uns jemanden findet?", hatte Jackie eingeworfen.

„Deshalb die Ehrlichkeit.", war Richard's Antwort. „Ich suche derzeit nicht, Jackie. Nach Natascha hatte ich ehrlich gesagt keinen Bock mehr auf eine Beziehung."

Diese Worte hatten ihr einen Stich versetzt.

„Wirklich nicht?", hatte sie mit trauriger Stimme gefragt und den Blick abgewendet.

Daraufhin hatte Richard zugegeben, dass er seither tatsächlich nicht mehr das Bedürfnis nach körperlicher Nähe gehabt hatte. Bis ihm Jackie's Besuch angekündigt worden war.

„Irgendwie war ich total verbittert gewesen, bis ich wieder von dir gehört habe." Er hatte diese

Worte mit einer Sanftheit ausgesprochen, die Jackie erschaudern lassen hatte. Als sie ihn angesehen hatte, glitzerten Tränen auf den Gesichtern der beiden. „Und dabei hatte ich, ehrlich gesagt, schon mit dem Thema Gefühle abgeschlossen, weißt du. Jackie, wenn es machbar wäre, dann würde ich sagen, dass wir es einfach wieder fest miteinander versuchen. Aber unsere Lebenswege sind immer noch zu verschieden."

Sie hatte ihre und seine Tränen abgewischt und gesagt, dass sie es versuchen sollten.

„Das mit den Sonderleistungen.", hatte sie ergänzt. „Und dann schauen wir, wie es läuft. Vielleicht ..." Bevor sie hatte weitersprechen können, hatte Richard ihre Lippen mit seinen verschlossen.

„Kein vielleicht, okay?", waren seine Worte gewesen.

„Kein vielleicht ...", hatte sie zaghaft erwidert.

Wann immer Jackie in den vergangenen Tagen nun das Wort „vielleicht" gehört hatte, verspürte sie ein aufgeregtes Kribbeln.

Sie wollte sich auf Richard's Vorschlag einlassen. Auch wenn eventuell nichts Dauerhaftes daraus werden würde, schon wegen der Entfernung, war sie dazu bereit. Es war ein Risiko, aber irgendwie ein Schönes. Zudem wollte sie keinen anderen

Mann, ebenso wie Richard derzeit keine Beziehung suchte. Also bestand zumindest in diesem Punkt vorerst keine Gefahr.

Während Jackie den Reißverschluss der großen Reisetasche zuzog, und sie neben den bereits verschlossenen Rollkoffer stellte, wanderten ihre Gedanken zu dem Morgen nach dieser besonderen Nacht zurück.

Schon am Frühstückstisch hatte Lene sie breit angegrinst. Sie und Heiko hatten sie tatsächlich gehört, hatte ihre Schwester ihr später gestanden.

Mit hochrotem Gesicht hatte Jackie ihr dann alles erzählen müssen. Lene hatte darauf bestanden, und ihr bei einer Weigerung mit einem stundenlangen Auskitzeln gedroht. Jackie wusste, dass die jüngere Schwester diese Drohung ernst gemeint hatte, und hatte ihr schließlich eine nahezu vollständige Schilderung geliefert. Dabei hatte sie selber immer wieder leicht kichern müssen, genau wie Lene.

Auch Richard's Vorschlag der speziellen Form der Beziehung hatte sie erwähnt. Seltsamerweise war Lene davon nicht wirklich überrascht gewesen.

Tatsächlich hatte Heiko davon gewusst, dass Richard dieser Überlegung nachgegangen sei. Schon seit er von ihrem Besuch erfahren hatte, wie sie Jackie offengelegt hatte.

Ein Klopfen an der Tür ließ Jackie's Gedankengang stoppen.

„Ja?"

Lene trat in das Zimmer. Das Lächeln in ihrem Gesicht wirkte gespielt.

„Nicht traurig sein.", sagte Jackie und öffnete ihre Arme.

Lene schniefte, als sie die Umarmung erwiderte.

„Sagst du so einfach.", erwiderte sie mit zitternder Stimme.

„Ich komm' doch wieder.", versprach Jackie.

Lene schniefte trotzdem weiter. Tränen rannen über ihre Wangen, als sie die Umarmung löste.

„Und wann?", fragte sie.

Jackie blinzelte selber ein paar Tränen weg, als sie Lene's Wangen mit ihren Daumen abwischte.

„Ich kann meinen Job nicht einfach kündigen.", sagte sie. „Aber für den nächsten Urlaub, das ist im Herbst, da plane ich die beiden Wochen wieder hier ein."

Lene nickte, blickte dann über Jackie's Schulter zum Fenster. Die Schachtel mit den Zigaretten lag auf der Fensterbank.

„Du wirst doch noch warten können, oder?", fragte Jackie, als sie Lene's Blicke bemerkte. „Ich fahre doch erst morgen."

Lene schüttelte den Kopf, trat ans Fenster und öffnete es. Ihre Hände zitterten ein wenig, als sie sich eine Zigarette nahm und sie anzündete. Erst nach ein paar Zügen beruhigte sie sich schließlich.

„Kannst du es mir versprechen?", fragte sie mit einem besorgten Blick zu Jackie. „Dass wir Kontakt halten?"

Jackie nickte und sagte: „Wir müssen bloß immer eine Zeit festlegen, zu der wir uns sprechen. Das machen wir dann aber morgen, okay?"

Wenngleich der Tag sich inzwischen dem Ende zu nähern begann, und die Sonne langsam dem Horizont entgegen sank, wollte Jackie in diesem Augenblick noch nicht an ihre Abreise denken. Es war schon schlimm genug, dass sie nachher noch ihr Gepäck zum Auto würde bringen müssen. Sie wusste jetzt schon, dass ihre Mutter in Tränen aufgelöst sein würde, auch wenn sie ja noch eine Nacht bleiben würde.

Nur ihr Vater würde wieder eisern wirken. Genau wie Heiko, der sicher wieder irgendeinen blöden Spruch abgeben würde.

Von Richard hatte sie sich in der vergangenen Nacht verabschiedet. Er hatte heute früh wieder arbeiten müssen, und würde leider auch über Nacht fort sein. Und ebenso würde es morgen sein, wenn

Jackie wieder nach hause fahren würde.

Es war eine lange Nacht voller Leidenschaft und Gespräche gewesen. Es waren Worte und Gefühle gewesen, die sie nicht vergessen würde, die sich tief in ihr Herz eingebrannt hatten. Nichts und niemand würde ihr dieses Erlebnis nehmen können. Und nur Richard und sie wussten um die Versprechen, die sie einander gegeben hatten.

Als Jackie ihre Wohnung betrat war es bereits am späten Nachmittag. Sie war kurz nach dem Frühstück losgefahren, aber dennoch hatte die Fahrt wieder lange gedauert. Nachdem sie schon vor der Abfahrt die Strecke mit ihrem Navi überprüft hatte, war sie von Anfang an eine angebotene Alternativroute gefahren. Der Streckenüberblick auf dem Mobiltelefon hatte zwar keine Staus auf der Autobahn angezeigt, dafür aber unzählige Baustellen, die sie sich an diesem erneut sehr heißen Tag nicht hatte zumuten wollen.

Wie erwartet war der Abschied von ihren Eltern schwer gefallen.

Jackie's Mutter hatte geheult, Lene ebenfalls. Auch ihr Vater hatte sich sichtlich bemüht, aber ein paar Tränen hatte auch er nicht zurückhalten können. Und Heiko hatte ihr bei der Umarmung beim

Abschied noch ein paar aufmunternde Worte von Richard zugeflüstert. Nur den Kuss würde er sich nicht trauen weiterzugeben, wie er noch zwinkernd hinzugefügt hatte.

Doch weder ihre Mutter noch Lene hatten sich mit dieser Art der Verabschiedung schwer getan. Die Menge der Abschiedsküsschen die von den drei Frauen ausgetauscht worden waren, war nicht mehr zählbar gewesen.

Noch während der Fahrt hatte ihre Schwester sie angeschrieben, um sie daran zu erinnern, den Anruf am Abend nicht zu vergessen.

Während Jackie nun ihre Reisetasche und den Rollkoffer im Flur abstellte, holte sie ihr Mobiltelefon aus ihrer Tasche. Weitere vier Nachrichten wollten gesichtet werden. Zwei davon kamen von Lene, die sich offenbar Sorgen machte. Genau wie ihre Mutter, wie eine der beiden Nachrichten zeigte.

Eine der beiden anderen Nachrichten kam von Christoph, der ihr mitteilte, dass sie im Studio vermisst würde, gefolgt von einem zwinkernden Smiley.

Die vierte Nachricht schließlich war von Richard. Sie enthielt nicht viel Text, aber es war genug um die junge Frau verliebt schmunzeln zu lassen: „Du fehlst mir, Jackie. IL Richard".

Das IL bedeutete „In Liebe". Es waren nur ein paar Worte, aber sofort klopfte ihr Herz heftiger.

„Du fehlst mir auch. XXX Jackie", war ihre Antwort an ihn. Das dreifache „X" war bekanntermaßen eine von Paaren genutzte Abkürzung für das dreifach geschriebene Wort „Kuss".

Jackie atmete tief durch, nahm dann den Poststapel auf und legte die dabei liegenden Zeitungen beiseite. Lediglich die Briefe und Werbesendungen behielt sie in der Hand, als sie auf den Balkon hinaus trat. Sie wählte die Nummer ihrer Eltern, steckte sich eine Zigarette an. Während des wieder recht langen Gespräches wollte sie die Post durchsehen.

Ein bunter Werbeflyer war ihr sofort ins Auge gesprungen. Murmelnd las sie die Aufschrift auf dem Papier: „René's K-Bar - Eröffnung am Freitag - Getränke zum halben Preis, Karaoke kostenlos".

„Karaoke?", murmelte sie, während in ihrem Ohr das letzte Tuten des Freizeichens von der erleichterten Stimme ihrer Mutter unterbrochen wurde.

Kapitel III

Das Faszinierende am menschlichen Gehirn ist, dass es unter bestimmten Voraussetzungen wie eine Art Filter arbeitet. Manchmal sondert es bestimmte Erinnerungen aus, die nicht zu den aktuell vorliegenden Umständen passend erscheinen. Dies macht es allerdings hauptsächlich nur um sie dann später, wenn die Situation passender erscheint, wieder abzurufen.

Auch Jackie hatte am folgenden Morgen, nach ihrer Heimkehr aus dem Heimaturlaub, mit einer solchen Erkenntnis zu kämpfen gehabt. Es war auf dem Weg zum Tattoo-Studio gewesen, als sie einen plötzlichen Anflug von leichter Niedergeschlagenheit hatte niederringen müssen.

Sie wusste, dass dieser Anflug daher rührte, dass sie bald wieder durch die Tür zum Studio treten würde. Die Tür, an der sie Jana vor etwas über zwei Wochen verabschiedet hatte.

Wenngleich sie ein wenig traurig war, schlich sich bei dem Gedanken an die junge Filipina mit der leicht karamellfarbenen Haut auch ein Lächeln in Jackie's Gesicht. Sie wünschte sich schon irgendwie, sie wiederzusehen, die Wärme der sanften Umarmung nochmals zu spüren. Aber in dieser großen

Stadt war die Wahrscheinlichkeit eines Wiedersehens eher gering.

Zudem hatte Jackie auch bereits eine neue Möglichkeit der Ablenkung in Aussicht. Etwas, was ihr schon irgendwie geeignet erschien, und zumindest einige nette Stunden in der Woche versprach.

Das Leuchten der Scheinwerfer und Rücklichter der Fahrzeuge spiegelte sich auf dem glitzernden Asphalt. Um die Mittagszeit hatte ein sanfter Sommerregen eingesetzt, der sich auch in den Abendstunden bemühte, die Wärme dieses Freitags ein wenig abzukühlen.

Nur wenige der Passanten, die an diesem Abend unterwegs waren, hatten Schirme dabei. Andere eilten durch die Straßen, versuchten mittels der ausgefahrenen Markisen der Geschäfte dem Regen zu entgehen.

Manchen Leuten jedoch schien die Abkühlung durch den angenehmen Regen sehr willkommen. Eine Gruppe von sechs Jugendlichen spazierte gemächlich auf der gegenüberliegenden Straßenseite entlang. Die drei jungen Männer trugen ihre Übergangsjacken lässig über den Schultern, während ihre Begleiterinnen sich ihre dünnen Jacken um die Hüfte gebunden hatten.

Jackie Winter schmunzelte bei der Betrachtung der sechs offensichtlich entspannten jungen Leute. Ihre dünne blaurote Jacke hatte sie, ebenso wie die drei Damen, um ihre Hüfte gebunden. Sie stand vor der Eingangstür zum Tattoo-Studio und wartete auf Christoph. Dieser hatte noch einen Anruf von einem Kunden bekommen, der wohl seinen Termin verschieben wollte.

Während der gemeinsamen Mittagspause hatte Jackie ihm gegenüber erwähnt, dass sie sich die neu eröffnete Bar ansehen wollte. Christoph hatte zuerst nicht interessiert gewirkt. Doch als sie das angebotene Karaoke erwähnte, war er hellhörig geworden.

Erwartungsgemäß hatte ihr Kollege nachgefragt, ob sie denn eine Begleitung für den Bar-Besuch haben wolle. Der blonde Mann war sehr leicht zu durchschauen.

„Immer kurz vor Feierabend.", brummelte Christoph, als er schließlich aus dem Studio trat und die Tür abschloss. „Aber egal. Bereit?"

Er wendete sich seiner Kollegin zu, die ihn fragend ansah.

„Schon eine ganze Weile.", sagte Jackie. „Und du willst wirklich mitkommen?"

„Ja.", gab Christoph zurück. „Karaoke hatte ich

lange nicht mehr." Das freudige Grinsen des jungen blonden Mannes mit den zu vielen Ohrringen schien aufrichtig.

„Außerdem", ergänzte er. „Hast du mir noch nicht alles von deinem Urlaub berichtet, Jackie."

Während die beiden sich in Richtung der neu eröffneten Karaoke-Bar bewegten, führte Jackie ihre Berichterstattung fort. Allerdings plante sie die pikanteren Details wissentlich auszulassen.

„Wo war ich denn stehen geblieben?"

„Bei dem Kuchenessen."

Jackie schmunzelte, als sie sich an den Tag erinnerte. Das Kribbeln in ihrem Bauch, als sie Richard zur Begrüßung geküsst hatte, war so intensiv gewesen. Und obwohl nun zwei Wochen vergangen waren genügte es immer noch, an den Augenblick zu denken, und sie verspürte wieder dasselbe aufgeregte Herzklopfen, dieselbe Wärme in den Wangen.

Sie berichtete von dem Treffen und den Gesprächen des Nachmittags. Bei der Schilderung der Überraschung, dass Richard über Nacht hatte bleiben sollen, musste sie grinsen. Auch Christoph hatte ein Lächeln im Gesicht.

„Also seid ihr wieder zusammen? Du und Richard?", fragte Christoph neugierig.

Jackie antwortete nicht, lächelte jedoch.

Das Grinsen verweilte im Gesicht des jungen Mannes. Ihm war sofort die deutlich entspanntere Stimmung der jungen Frau aufgefallen, als sie heute zum Dienst angetreten war. Jackie schien viel lockerer und auch glücklicher als noch vor ihrem Urlaub.

„Übrigens ...", begann Christoph, und zögerte kurz. Er überlegte, ob er ihr von Jana's Besuchen erzählen sollte. Jackie wieder niedergeschlagen zu sehen, lag nicht in seinen Plänen.

„Was gibt's?", fragte sie und blickte ihn abwartend an.

Er seufzte.

„Es geht um diese Frau.", sagte er, und achtete auf den Blick seiner Kollegin. „Sie und ihr Mann waren noch zweimal da. Zur Nachbetrachtung. Alles war okay, aber sie hat nach dir gefragt."

Die junge Frau wandte den Blick ab. Sie hatte gewusst, dass Christoph das Thema irgendwann ansprechen würde. Es war gut, dass mit Jana und ihrer Tätowierung offensichtlich alles in Ordnung war. Und dass sie nach Jackie gefragt hatte, erfreute sie auch. Aber bei dem Gedanken an die exotische Frau verspürte sie auch sofort wieder die Sehnsucht nach ihr.

Jackie bemerkte jedoch, dass es ein angenehmes Gefühl war. Ein Lächeln legte sich auf ihr Gesicht.

Christoph sprach weiter: „Ich hab sie auch von dir gegrüßt."

„Das ist lieb gewesen.", sagte Jackie. „Danke, Chris."

„Sie hätte aber bestimmt lieber direkt mit dir geredet, Jackie.", gab er zurück. „Ich denke, sie vermisst dich irgendwie."

Jackie blickte ihn unsicher an.

Christoph wusste, wie seine Kollegin sich gefühlt hatte, nachdem Jana und sie sich verabschiedet hatten. Das Gespräch, in dem sie ihm alles offenbart hatte, lag noch gar nicht so lange zurück. Und an seinem Blick erkannte sie, dass er noch mehr zu sagen hätte.

Schnell wechselte sie das Thema.

„Wirst du was singen, Chris? Immerhin ist es eine Karaoke-Bar."

Ihr Kollege verstand ihren Versuch, dem Gespräch eine andere Wendung zu geben. Wenngleich sie nach ihrem Heimaturlaub tatsächlich um einiges entspannter schien, waren die Empfindungen für die andere Frau immer noch in Jackie vorhanden.

„Kommt auf die Auswahl an.", gab er zurück. „Und auf die Stimmung in der Bar."

Die junge Frau lachte.

„Die wird bestimmt gut sein. Und laut dem Flyer

gibt's die Getränke zum halben Preis."

Eine gute dreiviertel Stunde hatte der Weg gedauert. Schon als sie um die letzte Straßenecke gebogen waren, hatten Jackie und Christoph die rockigen Klänge der Musik vernommen, welche durch die geöffnete Eingangstür der Bar gedrungen waren. Der Gehsteig vor der erst einige Stunden zuvor eröffneten Karaoke-Bar war nicht so überfüllt, wie die beiden befürchtet hatten. Lediglich einige Passanten drängten sich vor dem Schaufenster, spähten ins Innere.

Der Türsteher, ein großer breitschultriger Mann mit Jeansanzug und Sonnenbrille wippte im Takt der Musik von einer Seite zur anderen. Obwohl er dadurch zwar abgelenkt wirkte, achtete er dennoch auf jeden, der sich der offenen Tür näherte.

„Eintritt ist frei.", sagte er, als Jackie und Christoph vor ihn traten. „Aber keinen Ärger machen, verstanden?"

Jackie grinste, als sie Christoph's Nicken bemerkte.

Das Innere der Karaoke-Bar war geschmackvoll eingerichtet. Der dunkle Parkettfußboden passte farblich gut zu der helleren Holzvertäfelung an Wänden und Decke. Die runden Bartische, an denen jeweils vier Personen Platz hatten, waren in einem sanften Braunton gehalten, und mit transparenten Tischdecken versehen. In die Decke eingelassene Spots sorgten für angenehme Beleuchtung.

Die Theke befand sich direkt neben der Eingangstür, während die Bühne, die links und rechts von je einem mannshohen Lautsprecher flankiert wurde, die komplette Wand gegenüber des großen Fensters zur Straße einnahm, vor dem sich immer wieder neugierige Passanten um einen Blick in den Schankraum bemühten. An der anderen Wand, gegenüber der Theke, befanden sich einige durch feste Raumteiler abgetrennte Separees.

Die Luft in der Bar war stickig. Trotz der munter rotierenden Deckenventilatoren hielten sich über den fast gänzlich besetzten Tischen im Schankraum einige dunstige Rauchwolken.

„Scheint so, als wenn man hier drinnen rauchen darf.", stellte Christoph fest.

„Ich halt mich zurück.", gab Jackie beruhigend als Antwort.

Sie wusste, dass ihr Kollege zwar auch hin und wieder einer Zigarette nicht abgeneigt war. Aber er zog es vor nicht zu inhalieren, und paffte lediglich.

Eine junge blonde Frau in weißem Kleid kam auf sie zu.

„Herzlich willkommen! Ein Tisch für zwei?", fragte sie mit freundlichem Lächeln.

Christoph nickte sprachlos, als er bemerkte, dass die Frau ihn aufmerksam ansah. Und auch Jackie war überrascht, dass es hier solchen Service gab.

Die junge Frau führte die beiden an einen freien Tisch nahe der Theke und entschuldigte sich kurz. Gleich darauf kehrte sie mit zwei Schalen mit gemischtem Knabberzeug zurück, stellte sie mit demselben freundlichen Lächeln wie bei der Begrüßung auf den Tisch. Daneben legte sie ein gebundenes Büchlein.

„Das ist die Liste mit den verfügbaren Liedern.", sagte sie, deutete auf das dünne Büchlein. „Wenn euch was gefällt, gebt einfach René Bescheid." Bei diesen Worten nickte sie in Richtung der Theke, hinter der ein breitschultriger Mann gerade ein paar Gläser mit Bier befüllte.

„Das ist der Besitzer?", fragte Jackie erstaunt.

Von der Gestalt des Mannes hätte sie eher darauf gewettet, dass er ein Rausschmeißer wäre. Er war knapp einen halben Kopf größer als der Mann vor der Tür, hatte breite Schultern, und sein T-Shirt hatte eindeutig Probleme damit, seine Muskeln zu verbergen. Auch sein Gesicht passte eher zu einem Haudrauf, als zu einem Barkeeper.

„Ja, das ist seine Bar.", sagte die junge Frau ver-
schwörerisch. „Lasst euch von seinem Aussehen
nicht einschüchtern. Er ist netter, als es scheint."

Mit diesen Worten, und nach einem frechen
Zwinkern zu Christoph, eilte die junge Frau auf eine
Gruppe von eben eingetroffenen Gästen zu, welche
staunend im Eingangsbereich der Bar standen.

Jackie erkannte die sechs Jugendlichen wieder,
die sie beim Warten vor dem Studio erblickt hatte.
Wahrscheinlich hatten sie auf dem Weg noch einen
Zwischenstopp in einem der anderen Geschäfte ein-
gelegt.

Christoph hatte das Büchlein vor sich liegen,
überflog die angebotenen Texte. Nebenbei knabber-
te er einige Salzbrezeln.

„Ist was Gutes dabei?", fragte Jackie.

„Vieles.", gab er als Antwort. „Die Auswahl wird
schwer fallen."

Jackie schmunzelte. Sie kannte Christoph's
Schwäche für Gesang und Musik. An manchen Ta-
gen hatte sie ihn schon im Studio vor sich hin sin-
gen gehört. Seine Stimme war zwar leise, aber un-
glaublich samtig und weich.

Wenn er gewollt hätte, dann stünde einer Ge-
sangskarriere nicht wirklich viel im Weg.

„Ich hol mal was zu trinken.", erwähnte Jackie

und erhob sich. „Was möchtest du?"

Christoph blickte von den Texten auf und blickte zur Theke.

„Haben die Cocktails?", murmelte er, und überflog die Angebotstafeln. Ein Grinsen legte sich auf sein Gesicht, als er seine Frage positiv bestätigt sah. „Ich nehm' einen New Yorker!"

„Du und dein Whiskey.", lachte Jackie und ging an die Theke.

Der kräftige Barkeeper schob gerade einem wartenden Gast zwei volle Biergläser mit perfekten Schaumkronen zu. Dann blickte er freundlich zu der jungen Frau.

„Was darf's sein, die Dame?" Entgegen seiner Erscheinung war seine Stimme überraschend sanft.

„Einen New Yorker und ein Bier, bitte."

Er holte ein frisches Bierglas aus der Spüle und wischte es trocken.

„Miriam, du wirst gebraucht!", rief er in den Schankraum.

Die junge blonde Frau kam zur Theke. Fragend blickte sie Jackie an.

Als diese zögerte, wiederholte der Barkeeper ihre Bestellung.

„Ein New Yorker also.", murmelte die Blondine, und trat hinter die Theke. Während sie die benötigten Utensilien heraussuchte, benannte sie jede einzelne. „Whiskey, Zitronensaft, Grenadinesirup, Eis, ein Martiniglas."

Sie füllte die Flüssigkeiten in einen Cocktail-Shaker und schüttelte alles gut durch. Dann goss sie das Getränk in das bereitgestellte und mit zerstoßenem Eis befüllte Glas, garnierte es mit einem Stück Orangenschale, das die Form einer Spirale hatte.

„Bitte sehr.", sagte sie zu Jackie.

„Der ist für meinen Begleiter.", sagte diese mit einem freundlichem Lächeln.

Miriam blickte an Jackie vorbei und grinste. Dann nahm sie das Glas und trug es zu Christoph an den Tisch.

„Ja.", murmelte der Barkeeper amüsiert. „Sie steht auf blonde Jungs. Egal ob frei oder vergeben."

Jackie grinste und nahm das Bier, welches der kräftige Mann ihr hingestellt hatte.

„Wir sind nur Kollegen.", sagte sie. „Und er ist frei."

Der Barkeeper nickte freundlich und notierte rasch etwas auf einem noch leeren Zettel. Dann wandte er sich dem nächsten wartenden Gast zu.

Die junge Frau blieb noch kurz an der Theke stehen, blickte durch den Schankraum.

Inzwischen waren sämtliche Tische besetzt. Überall wurde neugierig in den Textbüchern geblättert. Wahrscheinlich würde irgendwann jemand den Anfang machen, und die Bühne erobern.

Die sechs Jugendlichen hatten sich zusammen in ein Separee begeben, lachten und scherzten miteinander. Auch sie hatten das Büchlein auf dem Tisch liegen, waren aber offensichtlich eher zum Abhängen und Trinken in die Bar gekommen.

Als Jackie zu ihrem und Christoph's Tisch blickte, erkannte sie, dass die blonde Miriam sich mit ihrem Kollegen unterhielt. Offensichtlich hatte der Mann hinter der Theke die Wahrheit gesagt.

„Stimmt was nicht?", vernahm sie wieder die sanfte Stimme.

Sie drehte sich zur Theke und setzte sich auf einen der noch freien Hocker.

„Ich will die beiden nicht stören.", sagte sie und deutete auf Christoph und Miriam.

Der Mann nickte. Dann ließ er den Blick kurz durch den Schankraum schweifen.

„Na, dann ist das ihre erste Pause heute.", sagte er. „Ich bin übrigens der Besitzer der K-Bar. René-Lukas Beinschmidt."

„Jaqueline Winter.", stellte sie sich vor. „Aber nennen Sie mich Jackie. Ist Miriam ihre Tochter?"

„Kannst ruhig du sagen.", lachte René. „Miri ist quasi mein Zieh-Kind. Die Tochter einer Bekannten. Eigene Kinder hab ich nicht."

„Wie das?", fragte Jackie und trank einen Schluck Bier.

René zuckte mit den Schultern.

„Bisher hatte ich niemals die Zeit dafür.", gab er zu. „Immer gearbeitet. In meinen bisherigen Berufen wäre eine Familie auch eher hinderlich gewesen, denk' ich."

Jackie fragte neugierig, was er damit meinte.

„Bin gleich wieder da.", sagte René und wandte sich einem jungen Mann zu, der mit der Textliste an die Theke getreten war. Er redete kurz mit ihm, nickte ein paar Mal. Dann ging er an ein Terminal neben der Bühne.

Der junge Mann stieg mit einem unsicheren Lächeln die drei Stufen hinauf und trat an die beiden Mikrophone heran. Den Blick auf den kleinen Flachbildschirm am vorderen Rand der Bühne gerichtet, nahm er eines der Mikros und klopfte kurz leicht darauf. Das dumpfe Klopf-Geräusch erklang verstärkt aus den beiden großen Lautsprechern.

„Okay!", sagte René und aktivierte das von dem Gast gewünschte Lied.

Aus den Lautsprechern ertönten die rockigen

Klänge von Metall-Drums und einem Honky-Tonk-Piano. Das Lied war bereits älter, und Jackie erkannte es erst, als der junge Mann den ersten Refrain sang. Es war „The Wanderer", von Dion DiMucchi.

Als René wieder hinter die Theke trat, hatte er ein breites Grinsen im Gesicht. Er wippte im Takt der Musik.

„Altes Lied, aber immer noch gut.", sagte er.

Gerade wollte er sich wieder dem Gespräch mit Jackie zuwenden, als plötzlich eine Gruppe von Gästen an die Theke trat. Beinahe jeder zweite hatte entweder das Buch, oder einen beschriebenen Zettel dabei.

„Wenn einer den Anfang macht ...", lachte Jackie.

René grinste. „Wir reden später weiter." Dann wandte er sich den wartenden Gästen zu.

Jackie seufzte, nahm ihr Bierglas und schlenderte durch den Schankraum auf ihren Tisch zu. Vielleicht würde sie Christoph und Miriam ja nicht stören, wenn sie sich einfach still dazusetzte.

Es war kurz nach Mitternacht, als Jackie in ihre Wohnung trat und die Tür hinter sich schloss.

Der Abend in René's K-Bar war lang aber schön gewesen. Unzählige Gäste hatten sich nach dem ersten Mutigen dazu entschlossen, ihr Glück beim Karaoke zu versuchen. Manche davon waren tatsächlich mit einer sehr guten Portion Talent gesegnet, während andere offensichtlich nur zu ihrem eigenen Vergnügen ans Mikro getreten waren.

Auch Christoph hatte seinen Auftritt gehabt. Seine Wahl war auf das Lied „Take me Home, Country Roads" gefallen. Die Bekanntheit des Stücks hatte im Schankraum zu kollektivem Mitsingen geführt, und zu brandendem Applaus im Anschluss.

Die sanfte und dennoch ausdrucksstarke Gesangsstimme ihres Kollegen, der ansonsten eher zurückhaltend und eigentlich auch ziemlich leise war, überraschte Jackie immer wieder. Sie hatte schon mehrmals bemerkt, dass Christoph gerne sang, auch im Studio. Aber bisher hatte sie ihn noch nie auf einer Bühne erlebt. Er war wirklich gut.

Auch Jackie hatte einige Songtexte leise mitgesungen, aber selber auf die Bühne zu gehen hatte sie sich nicht getraut. Sie sang zwar auch gerne mal ein paar Lieder, aber dies fand hauptsächlich in ihren eigenen vier Wänden, manchmal auch im Tattoo-Studio statt. Vor Zuhörern zu singen hatte sie sich niemals getraut.

Ein Blick auf ihr Mobiltelefon zeigte Jackie, dass sie einige Anrufe verpasst, und auch mehrere Textnachrichten bekommen hatte. Anstandshalber hatte sie das Gerät in der Bar auf lautlos geschaltet, und es zusätzlich in ihrer Tasche verschwinden lassen. Nicht alle Gäste hatten dieses Vorgehen für nötig erachtet, was bei einigen Auftritten zu störendem Geklingel und Telefonaten geführt hatte.

Manche Leute konnten tatsächlich absichtlich unhöflich sein.

Selbst nach René's Bitte, doch zum Telefonieren vor die Tür zu gehen, um die Gäste auf der Bühne nicht zu stören, hatten viele dies nicht beachtet. Einige hatten dadurch direkte Bekanntschaft mit den Talenten des Türstehers machen dürfen. Auch René selbst hatte einige besonders widerspenstige Störenfriede mit vor die Tür befördert.

Während Jackie auf den Balkon hinaustrat rief sie ihre Mailbox an, um die verpassten Anrufe abzuhören. Dem Display zufolge waren es ganze sechs Anrufer gewesen, von denen jedoch nur zwei den Dienst des automatischen Anrufbeantworters hatten nutzen wollen.

Die erste Nachricht war von ihrer Mutter, die lediglich einen Gruß hinterlassen hatte, und sich nochmals für den Besuch bedanken wollte. Die zweite kam von Heiko, der ihr eine Botschaft in Richard's Namen mitteilen sollte. Es ging um einen geplanten Urlaub.

Mehr hatte er der Mailbox jedoch nicht mitgeteilt.

Jackie zündete sich eine Zigarette an, und begann die über den Abend empfangenen Textnachrichten durchzusehen. Einige waren von Bekannten, die jedoch hauptsächlich Anfragen bezüglich spontanen Treffen, oder weitergeleitete Bilder und Videos enthielten.

Interessanter war jedoch die Nachricht von Richard, die offensichtlich Heiko's Anruf vorausgegangen war. Wie es schien hatten Richard, sein Bruder und Lene sich überlegt, einen gemeinsamen Urlaub am Meer zu verbringen. Nun wollten sie jedoch noch Jackie's Meinung dazu hören, da sie tatsächlich mit eingeplant wurde.

Ein Lächeln umspielte ihre feinen Lippen, als sie ihre Antwort eintippte und absendete. Darin stand, dass sie erst noch mehr Informationen haben wollte, bevor sie eine Zusage erteilen würde.

Zwar hatte sie schon bei den Worten „Du bist mit eingeplant" innerlich gejubelt, da sie sich auf die gemeinsame Zeit mit Richard und den beiden freute. Aber sie musste wissen, wann der Urlaub stattfinden sollte. Außerdem hatte sie ja gerade erst zwei Wochen Urlaub gehabt.

Dennoch genoss sie den Gedanken, ungestört mit Richard am Meer entlang zu spazieren. Ihre Schwester und Heiko würden die beiden gewiss nicht davon abhalten wollen.

Jackie drückte ihre Zigarette im Aschenbecher aus, und ging dann zurück in das Wohnzimmer. Ein plötzlicher Anflug von Müdigkeit ließ sie herzhaft gähnen, als sie die Balkontür schloss und verriegelte.

Die junge Frau streckte sich, und ließ sich dann auf ihr gemütliches Sofa sinken. Sie drehte sich auf die Seite, griff nach der Fernbedienung des Fernsehers. Mit immer wieder zufallenden Augen klickte sie sich durch die verschiedenen Kanäle, blieb schließlich bei einem Musiksender hängen.

Trotz der rockigen Musik war die junge Frau innerhalb von wenigen Minuten in einen tiefen Schlaf gesunken.

Der vergangene Monat hatte für Jackie ein buntes Sammelsurium an Emotionen bereitgehalten.

Er bestand zum Einen aus Vorfreude auf den Urlaub im kommenden Herbst. Jackie hatte Richard am Samstag, nach dem ersten Besuch in der Karaoke-Bar, angerufen. Die beiden hatten stundenlang geredet und dabei auch einige Details für den Pärchen-Urlaub geklärt. Zwar war der Zielort noch nicht wirklich festgelegt, aber immerhin hatten sie sich auf die zweite Herbstwoche geeinigt.

Die Aussicht auf eine ganze Woche, die sie mit Richard zusammen sein würde, hatte nicht nur Jackie's Herz erneut wie verrückt pochen lassen. Jede Faser ihres Körpers schien sich darauf zu freuen.

Ein weiterer Auslöser für das Durcheinander von Gefühlen waren die zwar hin und wieder anstrengenden, aber auch sehr spaßigen Stunden im Tattoo-Studio. Trotz der heißen Sommertage hatte Jackie wieder jede Menge zu tun. In den letzten beiden Wochen hatten sich mehrere Gruppen von Jugendlichen zu Terminen angemeldet. Meistens ging es dabei um das Stechen von Paar-Tattoos, welche zusammen ein Ganzes ergeben.

Hin und wieder hatte sie sich während dieser Termine dabei ertappt, dass sie über ein gemeinsames Tattoo mit Richard nachdachte. Vielleicht war dies wirklich eine Überlegung wert, doch der aktuelle Stand ihrer Beziehung belief sich leider nur auf Telefonate und Textnachrichten. Außerdem befanden sie sich ja in diesem seltsamen Status der „Freundschaft mit Sonderleistungen".

Es war zwar schön dass sie es versuchen wollten, doch war der Fortbestand ihrer Beziehung alles andere als gewiss. Richard war ein gutaussehender, kräftiger Landwirt. Bestimmt würde sich früher oder später eine andere Frau finden, die sich für ihn interessierte.

Jackie gefiel dieser Gedanke überhaupt nicht. Sie wünschte sich sehr, dass entweder Richard oder sie selber den entscheidenden Schritt wagen würde, die Beziehung zu festigen. Doch vorerst war sie mit seinem Vorschlag einverstanden.

Der dritte und finale Grund dieser gefühlslastigen letzten Wochen schließlich war René's K-Bar.

Jeden Freitag war Jackie Winter nach Feierabend in ihr neu gewähltes Stammlokal gegangen, hatte dort stets mehrere Stunden verbracht. Und jedes Mal war irgendetwas anders gewesen.

Dies lag zu einem Großteil an den munter wechselnden Besuchern, von denen nur einige wenige ebenso wie Jackie jede Woche wiederkamen. Die Gäste des Etablissements schienen stündlich zu wechseln. Manche kamen nur auf ein Getränk herein, andere blieben den ganzen Abend.

Einzig die Bühne schien irgendwie immer dieselben Tapferen anzuziehen.

Inzwischen hatte sich auch Jackie ein paar Mal am Mikro bewiesen. Tatsächlich hatte schon ihr erster Auftritt ein wahres Aufbranden des Applauses ausgelöst. Es war an einem Freitagabend gewesen welchen Miriam, die sich inzwischen als gute Event-Planerin erwiesen hatte, als einen New-Country-Abend gestaltet hatte.

Zwar hatten sich auch einige ältere und durchaus sehr bekannte Titel in der Liste befunden, meist von amerikanischen Stars der Country-Szene. Doch der größere Anteil der wählbaren Titel hatte sich auf neuere Bands konzentriert.

Jackie's Wahl war auf ein Lied von Lady Antebellum gefallen, eine amerikanische Country-Band, deren Lieder ihr zumindest vom Hören geläufig waren. Mit dem gefühlvollen Stück „Home is, where the Heart is" hatte Jackie an diesem Abend die anderen Gäste zu stehenden Ovationen veranlasst. Es hatte sich gut angefühlt bejubelt zu werden.

Seitdem hatte die junge Frau nun bei jedem Besuch der Bar einen aufmerksamen Blick in die Liste der zur Verfügung stehenden Lieder geworfen. Diese befand sich inzwischen ebenfalls vollends in Miriam's Aufgabenbereich und variierte wöchentlich. Die junge Blondine versuchte auch immer, die Liste sehr ausgewogen zu gestalten, jedes Genre zumindest mit einigen Titeln abzudecken.

Bisher hatte Jackie auch stets einige ihrer Lieblingstitel in der Liste gefunden. Allerdings schien sich die junge blonde Event-Planerin mit ihren Auswahlkriterien eher in den westlichen Gefilden zu bewegen, so dass bislang leider keine Titel von den Philippinen in ihren Listen aufgetaucht waren.

Vielleicht würde sich dies aber auch irgendwann einmal ändern?

Die Wärme, welche sich noch zu dieser vorgerückten Abendstunde wie eine Decke auf der Stadt auszubreiten schien, drückte auch die Stimmung in René's K-Bar ein wenig nieder. Es war bereits kurz vor zweiundzwanzig Uhr, aber immer noch zeigte das digitale Thermometer für den Außenbereich stolze dreißig Grad Celsius an.

Bruno, der wie immer seinen Arbeitsbereich neben der Eingangstüre hatte, hatte sogar seine schwarze Jacke ausgezogen, offenbarte somit den Passanten einen Blick auf seinen mit einem olivfarbenen T-Shirt bekleideten muskulösen Oberkörper. Der Rücken und die Achseln des Shirts zeigten deutliche Schweißflecken.

Auch im Inneren der Bar war es nur wenig kühler. Zwar konnte man beim Eintreten die etwas angenehmeren sechsundzwanzig Grad wirklich genießen, aber das hielt nur einen Moment an. Auch die Deckenventilatoren konnten nicht viel gegen die

Wärme ausrichten.

„Verdammte Hitze.", brummelte René, und ließ seinen Blick durch den Schankraum wandern.

Abgesehen von der üblichen Stammkundschaft befanden sich wieder nur wenige unbekannte Gesichter unter den heutigen Besuchern. Nach der anfänglichen Begeisterung über die neue Lokalität hatte nun eine unangenehm ruhige Phase eingesetzt. Zwar war der Umsatz nur unmerklich gesunken, aber es ging dem kräftigen Barkeeper auch weniger um das Geld. Der Kontakt zu den Besuchern der Bar war es, der ihm wichtiger war.

Auch Jackie, die sich, wie jeden der bisher vier Freitage seit ihrem ersten Besuch in der Karaoke-Bar, auf ihrem Stammplatz an der Theke befand, schien heute wenig Gefallen am Geschmack des viel zu schnell warm werdenden Bieres zu finden. Immer noch war das Glas, welches sie vor etwa einer Dreiviertelstunde geordert hatte, zu einem guten Drittel gefüllt.

„Ist wirklich nicht viel los heute.", stimmte sie René zu.

Der kräftige Mann stellte ein paar frisch gespülte Longdrink-Gläser ins Abtropfbecken, und lächelte Jackie an.

„Ach, das wird schon noch.", sagte er, wahrscheinlich mehr zu sich selbst, als zu der jungen Frau.

Jackie erwiderte sein Lächeln.

Mit einer Serviette wischte sie sich einige Schweißperlen von der Stirn. Missmutig betrachtete sie das augenblicklich durchnässte Stück Zellstoff.

Auch ihre Kleidung, die sie extra für den heutigen Abend ausgewählt hatte, wies bereits einige dunklere Flecken auf. Das ärmellose bauchfreie Oberteil, welches sie normalerweise nur im Bett trug, schien zumindest am Rücken einen Schweißfleck zu haben. Diesen spürte Jackie beinahe jedes Mal, wenn sie sich auf ihrem Barhocker bewegte. Auch der Bund ihrer knielangen Radlerhose hatte an diesem Abend schon einiges an Flüssigkeit absorbieren müssen. Sie konnte förmlich spüren, wie sich die Schweißperlen an ihrem schlanken Bauch abwärts bewegten.

Den ganzen Tag schon hatte die Sonne ihre offensichtlich heißesten Strahlen zum blauen Planeten gesendet. Und die Nachzügler, welche nun den Abend warm halten wollten, lagen nur wenige Grad unter der Tagesbestleistung.

Jackie wischte sich mit einer weiteren Serviette den Schweiß vom Hals. Obwohl sie erst am Mittwoch wieder einen Friseurtermin gehabt hatte, um ihre Kurzhaarfrisur wieder einmal pflegen zu lassen, konnte sie auch hier die Schweißbildung wahrnehmen. Besonders im kurzgeschorenen Nackenbereich bemerkte sie immer wieder das unangenehme Herabrinnen der salzigen Flüssigkeit. Aber wenigstens war die verwendete Farbe offensichtlich gegen die Schweißbildung gefeit.

Die junge Frau hatte diesmal einen Sonderwunsch an ihren Friseur gehabt. Der Auslöser dafür war ein Plakat im Haar-Studio gewesen. Eine junge Frau, blond, mit farbigen Strähnchen in den Haaren.

Nach einem kurzen Gespräch hatte Jackie den Friseur dann um „nichts allzu krasses" gebeten. Das Ergebnis konnte sich durchaus sehen lassen. Die in sanftem hellem Orange schimmernden Strähnchen passten gut zu ihren brünetten Haaren.

Jackie schmunzelte, als sie an Richards Reaktion zurückdachte. Sie hatte ihm kurz nach dem Friseurbesuch ein Foto von sich gesendet. Als Antwort war dann ein Foto von ihm bei ihr eingegangen, bearbeitet, mit Herzen auf den Augen.

Manchmal fühlte sie sich in dieser neuen Beziehungssituation wirklich wie ein Teenager. Und scheinbar ging es ihm auch nicht anders.

„Du grinst ja schon wieder.", sagte René.

Er hatte ihr gerade ein frisches Glas Bier hingestellt, das andere ausgeschüttet und in der Spüle versenkt.

„Schöne Gedanken eben.", erwiderte sie grinsend, und trank einen Schluck.

René nickte und wendete seine Aufmerksamkeit in Richtung der Tür. Eine kleine Gruppe von fünf neuen Personen betrat soeben den Eingangsbereich der Bar. Offensichtlich handelte es sich um Musiker, denn sie alle hatten Instrumente dabei.

Auch die übrigen Gäste musterten die Neuankömmlinge, allerdings nur kurz. Danach wendeten sie sich wieder ihren eigenen Beschäftigungen zu, meist Gesprächen oder halbherzigen Blicken in die Titelliste des heutigen Abends.

Jackie hatte heute schon beim ersten Blick in das wie üblich in schwarz gebundene Buch festgestellt, dass die Liste ungewöhnlich kurz war. Aber schon Seite eins des Buches hatte den Grund gezeigt. Der heutige Freitag lief unter dem Motto „offenes Mikro".

Jeder der wollte, konnte heute auf der Bühne etwas eigenes Vortragen.

Leider hatte sich dies als eine von Miriam nicht so ganz durchdachte Idee gezeigt. Eventuell lag es auch an den Temperaturen, aber bisher hatte sich heute nur ein einziger Gast auf die Bühne gewagt. Eine knapp fünfzehnminütige Improvisation mit leider schon allzu bekannten Witzen, welcher am Ende eher halbherziger Applaus gefolgt war. Dennoch hatte er es immerhin versucht.

Doch diese Gruppe von Musikern könnte vielleicht ein bisschen frische Stimmung mit sich bringen.

Einer der beiden jungen Männer trat an die Theke und wechselte einige Worte mit René. Mit seinem breitkrempigen Strohhut wirkte er beinahe wie ein Tourist auf Urlaub. Die schwarze Tasche, welche an einem Lederriemen über seiner Schulter hing, ließ aufgrund ihrer Form nur den Schluss zu, dass darin offensichtlich ein Saxophon steckte.

Jackie betrachtete die anderen vier, die ebenfalls mit Instrumenten eingetreten waren. Zwei der drei Frauen hatten Gitarren dabei, was einfach zu erkennen war, da diese nicht in Taschen verborgen waren. Die anderen beiden Mitglieder der Band, denn eine solche schienen sie zu sein, waren ein Mann mit Bongotrommeln und eine Frau mit einem Tamburin.

Welche Art von Musik mochten die fünf wohl aufführen?

Der junge Mann, der an die Theke getreten war

nickte René zu und kehrte dann zu seinen Beglei-
tern zurück. Ein kurzes Gespräch folgte, dann zuck-
ten drei der vier mit den Schultern und machten
sich daran, die Bar wieder zu verlassen. Der Mann
mit dem Hut winkte René noch mit zwei Fingern zu,
und folgte den dreien.

„Was war das denn?", fragte Jackie hörbar.

„Die Frage nach einem Band-Engagement.", er-
widerte René und blickte weiterhin zur Tür, wo im-
mer noch eine der Frauen mit ihrer Gitarre stand.

Sie wirkte seltsam verloren, ganz allein am Ein-
gang stehend. Ihr Blick wanderte durch den
Schankraum, die Theke entlang und zur Bühne.

René trat ein paar Schritte in ihre Richtung.

„Ist alles okay?" An seiner Stimme erkannte Ja-
ckie, dass ihm die Sache seltsam vorkam. „Deine
Freunde sind gerade gegangen, falls du das nicht
bemerkt hast."

Die fremde Frau lachte leise.

Dann trat sie an die Theke, stellte ihre Gitarre ab
und setzte sich auf einen der freien Barhocker.

„Ich kannte die gar nicht.", sagte sie und zuckte
mit den Schultern. „Hab die nur auf der Straße ge-
troffen, und mich ihnen angeschlossen. Ich dachte,
die wollten irgendwo spielen, einfach zum Spaß.
Hätte nie erwartet, dass die gegen Geld auftreten

wollten."

Der kräftige Barkeeper stutzte. Eine solche Erwiderung hatte er nicht erwartet.

Ein Lächeln trat auf sein Gesicht. Der typisch freundliche Gesichtsausdruck, mit dem René stets an neue Kunden herantrat.

„Was darf es also sein?"

„Ein Bier bitte.", bestellte die fremde Frau.

Jackie stellte plötzlich überrascht fest, dass sie diese unbekannte junge Frau aufmerksam betrachtete. Irgendwie fand sie diese Person interessant.

Sie hatte lange rotblonde Haare, die sie als Pferdeschwanz trug. Unter dem himmelblauen Shirt mit Knopfleiste trug sie ein weißes T-Shirt, dazu eine modische Jeanshose, und Cowboystiefel. ihr rechtes Handgelenk war mit einem breiten Lederband geschmückt, gewiss um sich irgendwie beim Gitarrespielen zu schützen.

Fasziniert beobachtete Jackie die Unbekannte, die freundlich mit René plauderte. Ihr Gesicht hatte etwas Anziehendes. Sie konnte einfach nicht anders, als sie anzustarren.

Plötzlich nickte sie dem kräftigen Barkeeper zu, und erhob sich. Sie nahm das neben sich stehende Instrument auf, und ging zur Bühne. Als sie an Jackie vorbeiging, schien es, als würde sie ihr zulächeln.

Die Dreiundzwanzigjährige saß kurz wie erstarrt da, dann drehte sie sich auf dem Barhocker zur Bühne um. Die Fremde trat ans Mikrophon.

„Hi, guten Abend!", sagte sie und legte sich den Gurt ihrer Gitarre um. „Ich bin Inés, und ich dachte, da ich gerade hier bin, dass ich mal was spiele."

Nur wenige Anwesende schienen der attraktiven Frau auf der Bühne ihre Aufmerksamkeit schenken zu wollen. Ein paar klatschten, andere nickten.

Die junge Frau an der Theke beobachtete interessiert, wie die rotblonde Frau das zweite Mikrophon auf den Klangkörper des Saiteninstruments ausrichtete.

„Ich sag's besser gleich.", fügte sie dabei hinzu. „Ich hab leider keine gute Gesangsstimme, also werde ich nur Gitarre spielen. Es ist eine Melodie, die ich mal gehört habe. Den Titel weiß ich nicht, aber ich finde es einfach schön. Also, ich hoffe es gefällt euch."

Ohne weitere Worte begann die junge Frau auf ihrer Gitarre eine Melodie zu spielen, die Jackie irgendwie vertraut vorkam. Es war eine reine Instrumentalversion eines Liedes, welches sie vor kurzer Zeit gehört hatte.

„Du guckst ja schon wieder so?", stellte René

fest. Er war wieder zu Jackie getreten, lauschte der dargebotenen Musik.

„Das …", begann Jackie zögernd. Dann lächelte sie, als ihr wieder einfiel, dass es ein Lied der philippinischen Sängerin war. „Das ist toll!"

Eigentlich kannte sie den Titel als vom Klavier begleitet, aber die Umsetzung, welche diese Frau nun mit ihrer Gitarre vortrug, war unglaublich schön. Jackie schloss die Augen, ließ die Melodie auf sich wirken. Sie spürte das Lächeln, welches auf ihr Gesicht trat, während Inés die zum Refrain des Liedes gehörende Melodie spielte.

„Sing doch laut, wenn du den Text kennst.", vernahm sie René's Stimme. Ohne hinzusehen wusste sie, dass er bei den Worten gegrinst hatte.

„Nein.", gab sie zurück. „Ich kenn' ihn nicht wirklich. Nur teilweise."

Zudem wollte sie die andere Frau nicht bei ihrem Auftritt stören. Aber sie öffnete die Augen, sah ihr beim Spielen zu. Der Umstand, dass sie diese Melodie kannte, machte diese Frau noch ein wenig interessanter.

Als die letzten Akkorde der Melodie ausklangen, konnte Jackie nicht anders. Sie erhob sich und klatschte begeistert Beifall. Einige Gäste und auch René taten es ihr gleich.

Mit einem dankbaren Lächeln und etwas scham-
roten Wangen verließ Inés die Bühne und setzte
sich wieder an die Theke. Sie griff sich ihr Bierglas,
trank einen Schluck und stellte es dann wieder auf
den Tresen. Mit beiden Händen hielt sie es fest.

„Das war super!", sagte Jackie aufrichtig.

Die Rotblonde blickte die andere Frau an. Ein
schüchternes Lächeln lag auf ihrem Gesicht, aber
gleichzeitig hatte sie ein irgendwie freches Funkeln
in den dunklen Augen.

„Findest du?", fragte die rotblonde Frau. „Ich
glaub' im zweiten Chorus hab ich was verhauen."

„Nein, die Melodie hat gestimmt.", erwiderte Ja-
ckie erfreut.

Inés deutete auf den freien Barhocker neben
sich, und Jackie nahm darauf Platz.

René trug seiner Stammkundin ihr vergessenes
Bierglas hinterher.

„Das ist Jackie, Und ihr Name ist Inés .", stellte er
die beiden Frauen einander vor.

Die beiden nickten sich an.

„Du kennst das Lied also?", fragte die Frau.
Jackie nickte.

„Ich habe es vor einer Weile online gekauft.", gab
sie zu. „Ist von einer philippinischen Sängerin."

Inés blickte sie aufmerksam an.

„Kann sein.", murmelte sie. „Ich hab es ein paar Mal auf einem Videoportal gesehen. Mir gefiel einfach die Melodie, also hab ich geübt, bis ich es spielen konnte. Mit dem Text konnte ich eh nichts anfangen."

René stand hinter dem Tresen und lauschte der Unterhaltung der beiden jungen Frauen eher beiläufig. Die von Inés gespielte Melodie hatte ihm gefallen, ebenso den anderen Gästen. Es hatte ihn jedoch überrascht, dass Jackie ihr dermaßen applaudiert hatte. Aber die Kleine war wirklich begabt mit ihrer Gitarre.

Ein Winken von einem der Tische lenkte die Aufmerksamkeit des kräftigen Mannes auf die dortigen Gäste. Er schnappte sich seinen Notizblock, und eilte zu dem wartenden Gast.

„War wohl doch keine so gute Idee, Miriam gerade heute frei zu geben.", murmelte er.

Inés und Jackie blieben an der Theke zurück, in ihr Gespräch vertieft.

„Und was gefällt dir so an der Musik?", fragte die rotblonde Frau neugierig. „Nicht jeder, der neue Musik sucht, macht das dermaßen international. Zumindest niemand, den ich kenne."

Jackie seufzte. Sie holte ihre Schachtel hervor, steckte sich ein Stäbchen zwischen die Lippen.

Als sie Inés ebenfalls eine Zigarette anbot, schüttelte diese den Kopf.

„Ich rauche nur ganz selten.", gab sie zurück. „Aber nur zu."

Überrascht zögerte Jackie mit dem Anzünden.

Die andere Frau grinste, nahm ihr das Feuerzeug ab, und gab ihr damit Feuer.

„Es stört mich nicht.", sagte sie beruhigend. „Aber ich rauche eben selber nur ganz selten mal."

Jackie blies den Rauch nach oben.

„Bei besonderen Gelegenheiten?", fragte sie.

„Ja, das Übliche eben.", lachte Inés. „Gutes Essen, guter Sex."

Die Dreiundzwanzigjährige prustete, überrascht durch diese Erwiderung.

Als sie sich beruhigt hatte, brachte sie das Gespräch wieder auf das Thema Musik zurück.

„Also, ich hab die Musik einfach gesucht.", sagte Jackie.

Ihr fiel auf, dass sie ein solches Gespräch überhaupt noch nicht gehabt hatte. Dass jemand sie nach dem Grund für diese Musikwahl fragen würde, hatte sie nie erwartet.

„Einfach so, ja?" Inés Blick bei dieser Frage zeigte mehr als nur einfache Neugier. Sie schien zu wissen, dass Jackie ihr die eigentliche Wahrheit vorenthielt.

Mit einem frechen Lächeln neigte sie sich ihrer Gesprächspartnerin entgegen. Jackie schien durch die unerwartete Annäherung erstaunt.

„Wenn ich dir ein Geheimnis verraten würde", begann Inés. Ihr Gesicht war nur wenige Zentimeter von Jackie's entfernt. „sagst du mir dann die Wahrheit?"

Jackie spürte ein Kribbeln in ihrer Bauchgegend. Es war kein unangenehmes Gefühl, aber eben eines, das sie nicht erwartet hätte.

„Ich muss mich kurz frisch machen.", sagte sie zögerlich und erhob sich.

Die Toiletten befanden sich an der hinteren Wand, neben der Bühne. Die Herren hatten den Bereich direkt hinter jener Wand, vor der die Mutigen ihre Sangeskünste beweisen konnten. Daneben, wo es dann nicht ganz so laut war, befanden sich die Toiletten für die weiblichen Gäste.

Nachdem sie die Tür geschlossen, und somit die Geräuschkulisse des Schankraumes ausgesperrt hatte, trat Jackie an eines der drei Waschbecken. Mit gesenktem Kopf starrte sie auf die glänzenden Armaturen. Erschrocken über die Empfindungen, welche Inés mit ihrer unerwarteten Frage und der überraschenden Annäherung ausgelöst hatte, versuchte sie sich zu sammeln.

Sie drehte das Wasser auf, wusch sich das Gesicht. Das kühle Nass hatte eine weniger beruhigende Wirkung, als sie es sich erhofft hatte. Aber eines wurde ihr klar.

„Es ist wie bei Jana.", murmelte sie, als sie das Wasser wieder abdrehte.

Sich im Spiegel betrachtend, nach der Endlosrolle mit den Tüchern zum Abtrocknen greifend, gingen Jackie diese Worte immer wieder durch den Kopf.

Das Kribbeln und diese Nervosität, es war tatsächlich dem ähnlich, was sie damals bei der exotischen Frau mit dem philippinischen Hintergrund empfunden hatte. Jedoch war ihr auch eindeutig klar, dass diese Gefühle tatsächlich auch dem kürzlich empfundenen Begehren und Verlangen nach Richard nicht unähnlich waren.

Jackie's Blick streifte ihr Spiegelbild. War da ein rotes Schimmern auf ihren Wangen zu sehen?

Tatsächlich spürte sie eine langsam aufsteigende Wärme in ihrem Gesicht. Je mehr sie über die Erkenntnis nachdachte, dass ihre Empfindungen anscheinend wirklich auf Verlangen und Erregung basierten, desto deutlicher verspürte sie das Erröten ihrer Wangen.

Ein leiser Fluch drang über ihre Lippen.

Aber dennoch konnte ihr Spiegelbild ein leichtes schüchternes Lächeln nicht verbergen, als sie sich wieder zur Tür umwandte. Sie atmete tief durch, und drückte die Klinke herunter, öffnete die Tür welche in den Schankraum zurückführte.

„Ach, red' doch nicht immer so einen Stuss, Otto!", dröhnte es in diesem Augenblick aus dem Lautsprecher, der direkt neben der Bühne aufragte.

„Wieso ich?", erwiderte eine seltsam quiekige Stimme. „Du bewegst doch die Lippen!"

Gelächter hallte durch den Schankraum.

Der Mann auf der Bühne hatte eine Bauchrednerpuppe auf seinem Schoß, versuchte das Publikum mit einer einstudierten Nummer zu unterhalten. Die abstehenden Ohren der Puppe waren noch das Lustigste an ihr. Ansonsten erinnerte die Figur eher an eine Gestalt aus einem schlechten Horrorstreifen, einem Abklatsch der Mörderpuppe.

„Ach, nun komm' schon."

„Wie denn? Ich kann doch nicht mal selber den Kopf bewegen! Wie sollte ich da laufen?"

Wieder gab es ein paar Lacher.

Jackie schmunzelte trotz der schlechten Witze. Sie ging direkt zur Theke zurück. Die junge Frau war entschlossen, Inés eine Antwort auf ihre Frage zu geben.

Diese war wieder in ein Gespräch mit René vertieft. Als Jackie sich auf den Barhocker neben ihr setzte, schenkte Inés ihr ein liebreizendes Lächeln, welches ihr erneut dieses kribbelige Gefühl bescherte.

„Worüber habt ihr geredet?", fragte Jackie, das Lächeln erwidernd.

„Nichts Spezielles.", gab Inés zurück. „Wir haben nur über René's frühere Karriere geplaudert."

Jackie nickte.

Sie hatte ebenfalls nicht schlecht gestaunt, als sie mehr über den Werdegang des Barkeepers erfahren hatte. Die Bar an sich war für ihn die Erfüllung eines Traumes gewesen, für dessen Erreichen er einiges in Kauf genommen hatte. Nicht nur das Vermeiden von engen privaten Bindungen, sondern auch der berufliche Werdegang waren bei ihm darauf ausgelegt gewesen, eine Art von finanziellem Status zu erreichen, der ihm schließlich zu diesem Etablissement verholfen hatte.

Der wichtigste Part seines Planes war schließlich sein Eintritt in die Armee gewesen, welcher mitsamt der zeitlichen Verpflichtung und der von ihm gewählten Laufbahn, die finanzielle Basis für sein Ziel gelegt hatten. Später hatte er dann als Ordonnanz im Offiziersclub erst die Aufgaben eines Kellners und dann direkt die Tätigkeiten am Tresen übernommen. Trotz seiner rauen Art hatte er schon damals die Gäste immer schnell für sich gewinnen können.

Nach seinem Dienstende schließlich, welches noch nicht lange zurück lag, hatte er beinahe seine gesamte Freizeit darauf verwendet, die ihm noch fehlenden Schulungen zu durchlaufen, und die notwendigen Dokumente zum Eröffnen seiner eigenen Bar zu organisieren.

„Was lange währt.", grinste Jackie, und prostete René zu.

Ein plötzliches Aufbrausen des Applauses in Kombination mit einigen erneuten Lachern zog die Aufmerksamkeit der drei zur Bühne, wo der Bauchredner und seine Puppe sich verneigten. Offensichtlich hatte der junge Mann doch irgendeine Art von Talent. Zumindest hatte er das an sich desinteressiert wirkende Publikum für sich gewinnen können.

Um einem Abflauen der Stimmung vorzubeugen ging René zu dem Laptop, mit dem er die Karaoke-Anlage bediente, und die Lieder ins System einspeiste. Er aktivierte eine zufällige Abspielliste, und sorgte so für angenehme musikalische Unterhaltung.

„Also?", vernahm Jackie die Stimme von Inés neben sich. „Hast du dir eine Antwort überlegt?"

Sie drehte sich zu der rotblonden Frau um, erblickte erneut dasselbe Lächeln und schmunzelte.

„Du wolltest mir ein Geheimnis anvertrauen.", erinnerte sie sich.

Inés nickte.

„Wenn du mir dann die Wahrheit bezüglich der Musik sagst."

Jackie überlegte kurz.

Offensichtlich ahnte die junge Frau, dass mehr hinter Jackie's Interesse an philippinischer Musik steckte. Und so war es ja auch. Die Musik aus dem fernen Inselarchipel stillte irgendwie die Sehnsucht nach der jungen Frau, die der Dreiundzwanzigjährigen so viel bedeutete.

Doch wollte Jackie dieser eigentlich Fremden wirklich die Wahrheit über diesen Umstand anvertrauen? Würde sie damit nicht Gefahr laufen, ein wenig zu viel offen zu legen?

Sie betrachtete die vor ihr sitzende junge Frau mit den rotblonden Haaren, welche sie mit einem frechen und zugleich geduldigen Gesichtsausdruck anblickte. Dabei bemerkte sie, dass Inés sie mehr als nur ansah. Die dunklen Augen der jungen Frau schienen sich unentwegt zu bewegen, wanderten zu

Jackie's Armen, über den Oberkörper, dann wieder zum Gesicht. Dort verweilten ihre Blicke abwechselnd bei den Augen und den Lippen.

Es war ein seltsames Gefühl, von einer Frau so angesehen zu werden, wie es normalerweise nur die meisten Männer taten. Vor allem das kaum merkliche Zucken in Inés' Mundwinkeln erweckte dabei eine Vermutung in Jackie, welcher Art das angesprochene Geheimnis vielleicht sein würde.

„Also gut.", sagte sie schließlich mit einem neugierigen Schmunzeln. „Dann verrat' mir dein Geheimnis."

Inés' nahm noch einen Schluck aus ihrem Bierglas, welches sie inzwischen fast geleert hatte. Dann neigte sie sich wieder nach vorne. Ihre rechte Wange streifte sanft Jackie's linke, als sie ihr ins Ohr flüsterte.

„Um ehrlich zu sein, wäre ich vorhin beinahe doch mit den anderen mitgegangen. Aber dann hab' ich dich hier sitzen sehen."

Jackie's Lächeln bei diesen Worten, ließ den Kontakt zwischen ihrer und Inés' Wange zunehmen. Auch diese hatte offensichtlich bei ihren Worten ein Lächeln im Gesicht.

Ebenfalls flüsternd fragte Jackie: „Du bist wegen mir geblieben?"

„Nicht nur.", gab Inés zurück. „Aber du warst der Hauptgrund."

Sie nahm den Kopf etwas zurück, so dass sie der anderen Frau direkt in die Augen sehen konnte.

„Du gefällst mir, Jackie.", sagte sie leise mit einem sanften Lächeln.

Die dreiundzwanzigjährige Frau zögerte. Aber nicht etwa weil sie überrascht war. Durch Inés Verhalten, die Blicke und die offene Annäherung zuvor, hatte sie tatsächlich mit einer solchen Information gerechnet. Aber etwas derartiges zu erwarten, und es dann auch wirklich zu erfahren, das war dennoch etwas sehr Spezielles.

Inés blickte sie an. Immer noch lag das sanfte Lächeln auf ihren Lippen.

Wartete sie vielleicht auf eine Antwort?

Was sollte Jackie erwidern? Immerhin war sie ja eher auf Männer fixiert, zumindest auf den einen, der nun wieder Teil ihres Lebens war. Irgendwie zumindest.

Doch dann waren da noch die Gefühle für Jana. Und die Empfindungen, die sie vor ein paar Minuten durch Inés gehabt hatte. Diesen Umstand konnte Jackie nicht einfach ignorieren. Offensichtlich hatte sie also auch irgendwie eine Neigung zu anderen Frauen.

Inés berührte sanft Jackie's Hand, holte sie damit aus ihren Überlegungen.

„Hab ich dich jetzt erschreckt?", fragte sie. In ihrem Blick lag trotz der Frage immer noch ein freches Funkeln.

Zu ihrer eigenen Überraschung reagierte Jackie auf diese Frage mit einem Kopfschütteln.

„Nicht wirklich.", sagte sie. „Irgendwie hab ich das vermutet. So wie du schauen mich sonst die Männer an."

„Mich auch." Inés' Antwort, gepaart mit ihrem Grinsen, machte Jackie stutzig.

Die Rotblonde bemerkte Jackie's fragenden Blick, kommentierte ihn mit einem Zwinkern.

„Ich steh' auf beides.", sagte sie verschwörerisch.

Erst stutzte sie, dann verstand Jackie, was die andere Frau meinte. Inés war offensichtlich bisexuell. Eine Frau, die sowohl mit Männern, als auch mit Frauen zusammen war.

Tatsächlich hatte sie selbst schon mit diesem Gedanken gespielt. Aber eher so, dass sie nur in Bezug auf Jana darüber nachgedacht hatte. Die Gefühle, welche die Erinnerung an diese exotische Frau immer wieder in ihr wach riefen, waren mehr als nur der einfache Wunsch, sie wiederzusehen. Möglicherweise, aber nur unter bestimmten Voraussetzungen, würde Jackie eine solche Gelegenheit mit Jana nicht erneut ungenutzt verstreichen lassen.

„Nun.", begann Jackie und atmete tief durch. Dann näherte sie sich mit den Lippen Inés' Ohr. Obwohl sie schon ein wenig Angst hatte sich ihr anzuvertrauen, spürte sie dennoch nach Inés' Worten irgendwie eine Art Sicherheit. Es war wie mit Christoph, der ihr seinerseits ebenfalls schon vertrauliche Informationen entlockt, und auch eigene Geheimnisse anvertraut hatte.

Und es fühlte sich auch richtig an.

„Der Grund", begann sie leise. „warum mir diese Musik so gefällt, ist eine Frau."

Sie bemerkte erneut das Streicheln der Wangen, ausgelöst durch beiderseitiges Lächeln.

Während Jackie der jungen Frau ihre Gedanken anvertraute, bemerkte sie erneut, wie schon bei dem Gespräch mit ihrem Kollegen, dass es ihr wirklich gut tat, über ihre Empfindungen zu reden. Es war, als wenn die Last des Geheimnisses, welches auf ihrer Seele ruhte, ein wenig leichter wurde. Allein über ihre Empfindungen und die Sehnsucht nach der anderen Frau zu reden, erleichterte das Herz der jungen Frau ungemein.

Schließlich beendete Jackie diese ungewöhnliche Art der Beichte, blieb jedoch in derselben Position.

Die Wangen der beiden jungen Frauen berührten sich, streichelten sanft aneinander. Die Empfindung, welche Jackie dabei hatte, glich der Umarmung mit Jana.

Diese war heute schon zwei Monate her, und dennoch erinnerte sich Jackie noch immer an die Wärme und den sanften Duft von Jana's Körper. Einem plötzlichen Sehnen nachgebend bewegte Jackie ihren Kopf, strich mit den Lippen über die Wange der anderen Frau.

Im nächsten Augenblick erschrak sie, löste sich von Inés und senkte beschämt den Blick.

„Das ... tut mir ... ich ...", stammelnd versuchte sie eine Entschuldigung auszusprechen. Aber in diesem Moment schienen sämtliche Gedanken und Empfindungen in Jackie's Kopf übereinander zu stolpern.

Hastig erhob sie sich und eilte erneut zur Toilette, ließ die überraschte Inés an der Theke sitzen.

Sie schloss die Tür hinter sich, lehnte sich dagegen. Ihr Puls raste, das Hämmern ihres Herzens war deutlich zu spüren. Ebenso das Zittern ihrer Beine.

Was war über sie gekommen?

Jackie war sich sicher, eine Grenze übertreten zu haben.

Erst hatte sie Inés warten lassen, hatte ihr dann offenherzig von ihren Gefühlen zu einer anderen berichtet. Und dann, einfach so, hatte sie ihr beinahe einen Kuss gegeben? Zwar keinen richtigen, nur auf die Wange. Aber dennoch war es ganz klar ihr Vorhaben gewesen.

Und nun? Sie war wieder ins Bad geflohen, hatte die andere Frau einfach sitzen lassen.

Jackie trat von der Tür weg, ging zu den Waschbecken und betrachtete sich wieder im Spiegel.

„Was ist denn bloß los mit dir?", sprach sie zu ihrem Spiegelbild. „Du benimmst dich daneben, weißt du."

„Das seh' ich anders.", vernahm sie plötzlich Inés' Stimme von der Tür.

Erschrocken sah Jackie im Spiegel, wie die andere Frau die Tür hinter sich schloss. Langsam kam sie näher, erwiderte durch die Reflexion des Spiegels Jackie's Blick.

„Du bist einfach bloß durcheinander.", sagte Inés. „Das ist ganz normal."

Den Blick senkend versuchte Jackie ihre Nervosität zu verbergen. Dennoch war es ihr nicht möglich, das angenehme Gefühl der Nähe zu ignorieren, als Inés sie an der Schulter berührte.

„Ich hab das auch durch, Jackie.", erklärte die andere Frau. „Erst waren Männer alles für mich. Aber eines Tages hatte ich plötzlich bei einer Freundin ganz ähnliche Gefühle."

Jackie bemerkte, dass Inés ihren Nacken streichelte. Ein wohliger Schauer durchlief ihren ganzen Körper.

Leise fragte sie, was sie damit bezwecke.

Inés' amüsiertes Kichern wurde von einer Entschuldigung begleitet.

„Das mach' ich unbewusst, wenn ich jemanden aufbauen will.", gab sie zu, und zog ihre Hand zurück. „Trotzdem, du brauchst keine Angst zu haben, oder dich zu schämen. Jeder hat seine Bedürfnisse, und manchen davon wird man sich eben erst später bewusst."

Die Dreiundzwanzigjährige drehte sich zu der anderen Frau um. Trotz des leichten Zitterns fühlte sie sich in Inés' Gegenwart auch irgendwie wohl. Vielleicht waren es ihre Worte gewesen, vielleicht das leichte Lächeln, welches die Lippen der Frau umspielten.

Möglicherweise war es aber auch die Entscheidung, welche Jackie in diesem Augenblick getroffen hatte. Die Entscheidung, erneut einem Impuls nachzugeben. Genau wie vor einigen Tagen, als sie sich auf dem Hof ihrer Eltern in Richard's Arme geworfen hatte.

„Ich muss es einfach tun.", flüsterte Jackie, mehr

zu sich selbst als zu der anderen Frau.

Inés' Augen wurden für einen Moment groß, als die Frau dicht an sie heran trat. Doch dieser Augenblick der Überraschung verschwand sofort wieder, machte einem weichen Lächeln Platz, als Jackie's Hand an Inés' Wange entlangstrich und dann an ihrem Nacken verweilte.

Die spürbare Wärme der anderen Frau verpasste nun auch ihr ein angenehmes, kaum bemerkbares Zittern. Es war für Inés nicht ungewöhnlich, dass sie eine mehr als anziehende Wirkung auf beide Geschlechter ausübte. Doch irgendwie hatte sie auch schnell erkannt, dass Jackie etwas Besonderes war. Trotz ihrer Unsicherheit würde diese schließlich den ersten Schritt machen.

Für einen Augenblick verweilten die beiden Frauen in dieser innigen Position, nahmen die Wärme wahr, genossen das Aroma der anderen. Dann, ganz sanft, zog Jackie Inés näher an sich, bis ihre Lippen sich endlich zu einem zärtlichen Kuss trafen.

Es würde anders sein, dies hatte Jackie erwartet. Die Zartheit, das sanfte, warme Gefühl, welches sie in dem Moment empfand, als ihre und Inés Lippen sich vereinten, war jedoch so vollkommen verschieden von dem, was sie bisher bei Männern empfunden hatte.

Sie hatte die Augen geschlossen, genoss das Gefühl. Diese ihr bislang unbekannte Mischung aus Zärtlichkeit und Leidenschaft hatte sie sofort vollends in ihren Bann gezogen.

Jackie wusste, dass dies genau das war, wonach sie sich sehnte. Und auch wenn es in diesem Augenblick Inés war, die ihre Sehnsucht gleichzeitig weckte und stillte, so waren ihre Gedanken dennoch bei Jana.

„Ich bin dann mal weg.", rief Christoph aus dem Empfangsbereich des Tattoo-Studios. Auch an diesem Freitag schien er es wieder sehr eilig zu haben.

„Soll ich wieder alle grüßen?"

Jackie lauschte, aber außer dem Läuten der kleinen elektronischen Glocke, welche das Öffnen und Schließen der Eingangstür des kleinen Geschäfts verkündete, kam keine Antwort. Wahrscheinlich hatte Christoph bereits mit einem Fuß draußen gestanden, als er sich verabschiedet hatte. Es wäre nicht das erste Mal gewesen.

Seufzend wischte die junge Frau ihre Hände mit einem der sterilen Tücher ab, die sie immer zum Reinigen der Tattoos verwendete, und nahm ihr Handy zur Hand. Mit flinken Fingern schrieb sie ihrem derzeit immer eiligen Kollegen die Frage nochmals als Nachricht.

Zwar wusste sie, dass der junge blonde Mann sein mobiles Telefon wahrscheinlich wieder im stummen Modus in der Tasche hatte. Doch sie hatte ja auch noch ein bisschen zu tun, bevor sie wieder, wie jeden Freitag seit nunmehr acht Wochen, ihren Platz an der Theke in René's K-Bar einnehmen würde.

Ein Lächeln lag auf dem Gesicht der jungen Frau.

Zwei Wochen waren nun vergangen, seit ihr klar geworden war, was sie eigentlich bereits seit einiger Zeit nur zögerlich hatte vermuten wollen. Offensichtlich verspürte Jackie Winter eine Zuneigung zu Frauen.

Seit der Verabschiedung von Jana, vor immerhin zweieinhalb Monaten, hatte sie immer wieder eine unglaubliche Sehnsucht nach der exotischen Frau empfunden. Selbst während der zwei Wochen Urlaub auf dem Hof ihrer Eltern, in denen sie auch Richard wieder näher gekommen war, hatte sie immer wieder an diese spezielle Frau denken müssen.

Aber erst vor zwei Wochen, in der Bar, hatte sie es endlich wirklich verstanden.

Und das wegen einer anderen Frau.

Tatsächlich hatte Jackie zwar vorher schon entschieden, ein erneutes Treffen mit Jana, so ungewiss die Wahrscheinlichkeit dafür auch sein mochte, nicht ungenutzt verstreichen zu lassen. Was sie jedoch machen wollte, das war ihr da noch unklar gewesen.

Aber durch Inés, welche sie vor zwei Wochen in René's Bar getroffen hatte, konnte Jackie nun tatsächlich akzeptieren, was dieses brennende Sehnen in ihrem Innersten verlangte.

Nahezu jeden Tag hatte Jackie nun auf einen Augenblick gewartet, der vielleicht niemals kommen würde. Wie groß war schon die Möglichkeit, dass Jana wieder im Studio auftauchen würde?

Inzwischen bereute sie es beinahe, dass sie dem Wiedersehen mit ihrem Urlaub entflohen war.

Aber zu diesem Zeitpunkt hatte Jackie einfach Angst gehabt. Sie war zutiefst erschüttert gewesen, konnte nicht verstehen, warum sie sich dermaßen zu einer anderen Frau hingezogen gefühlt hatte. Sie war immer nur mit Männern zusammen gewesen, hätte im Traum nicht an eine Beziehung zu einer Frau gedacht.

Aber die exotische Jana hatte etwas in ihr berührt. Irgendwie hatte die Frau mit der karamellfarbenen Haut in ihr etwas geweckt. Eine Sehnsucht, die eigentlich verborgen und ihr fremd gewesen war. Und die sie nun, nach Wochen der Unsicherheit und des Zweifels endlich verstand.

Es war Inés gewesen, durch welche Jackie endlich akzeptiert hatte, dass sie sich wirklich auch körperlich zu einer Frau hingezogen fühlen konnte. Dass sie mehr wollte, als nur reden und eine Umarmung. Aber auch, wenn sie diese Einsicht durch die Sanftheit von Inés' Lippen erhalten hatte, war es doch Jana gewesen, an die sie dabei gedacht hatte.

Aber nun hoffte sie, dass irgendeine Fügung des Schicksals diese ganz besondere Frau wieder in ihr Leben zurückbrachte.

An diesem Freitagabend war René's K-Bar wieder einmal sehr gut besucht. Die heißen Tage ließen langsam nach. Auch wenn das Thermometer sich tagsüber weiterhin tapfer oberhalb der fünfundzwanzig Grad-Marke hielt, waren die Temperaturen wenigstens abends angenehm.

Auch die wechselnden Events, welche die Event-Planerin Miriam während der Wochentage entwickelte, und welche dann freitags als Überraschung ausgerufen wurden, sorgten weiterhin für viel Kundschaft. Allerdings hatte es sich die junge blonde Frau mittlerweile angewöhnt, am Freitag stets Zeit für sich und ihren Freund Christoph in Anspruch zu nehmen. Da dieser immer noch familiären Verpflichtungen nachzukommen hatte, hatte Miriam in der vorletzten Woche entschieden, künftig die Freitagabende mit ihm zu verbringen.

Somit lag die nun Durchführung der Freitagabend-Events in René's eigenen Händen.

„Wenn also meine Nummer kommt, muss ich singen?", erkundigte sich Jackie erneut, nachdem sie einen ordentlichen Schluck Bier getrunken hatte.

„Ja.", bestätigte der kräftige Mann hinter der Theke, der an diesem Abend ein Achselhemd trug. Auf diese Weise freiliegend, wirkten seine breiten Schultern noch beeindruckender. „Entweder singen, oder eine Lokalrunde schmeißen."

„Das kommt aber nicht von Miri, oder?"

„Ein paar gute Ideen hab ich auch. Vor allem wenn sie Umsatz bedeuten." Das Zucken seiner Schultern begleitete die Antwort.

Die Stimmung im Schankraum war ziemlich ausgelassen. Das Motto dieses Abends, der Zufallsgenerator, hatte für regen Zustrom gesorgt. Jeder Gast bekam von Bruno, dem Türsteher, einen Button gereicht, auf welchem eine Nummer stand. Wurde diese Nummer vom Computer ausgewählt, hatte man die Wahl. Entweder man trat auf die Bühne und sang das ebenfalls vom Computer festgelegte

Lied, oder man spendierte eine Lokalrunde.

So oder so, die Gäste hatten ordentlich Spaß. Und der Abend war noch jung.

Unsicher betrachtete Jackie ihren handtellergroßen Button. Die Nummern zwei, sechs und acht schimmerten in mattem schwarz auf dem blassgrünen Hintergrund.

Wie hoch waren die Chancen, dass diese ausgewählt wurden?

Und würde sie sich auf die Bühne trauen? Würde sie heute singen, oder doch lieber eine Lokalrunde springen lassen?

Ein weiterer Aspekt des Zufallsgenerators war nämlich, dass nicht nur der Sänger, sondern auch noch das Lied vom Computer festgelegt wurden. Schlimmstenfalls stand man also auf der Bühne und musste tatsächlich auf den Bildschirm mit dem ablaufenden Text achten.

Tatsächlich hatten sich an diesem Abend schon einige tapfere Kunden zum Singen entschieden. Und auch, wenn die wenigsten mit den vom Computer bestimmten Liedern vertraut gewesen waren, hatten sie und die übrigen Gäste stets gemeinsam ihr Bestes gegeben.

„Bruno, hast du schon was erfahren?", riss die Stimme des Barkeepers die junge Frau aus ihren

Überlegungen.

Ein Blick zu dem großen Mann bei der Tür zeigte ihr dessen Kopfschütteln.

Vor knapp zwei Stunden waren mehrere Fahrzeuge mit Blaulicht und Sirene die Straße hinunter gerauscht. Die Feuerwehr war mit einigen Notfallwagen und ein paar Streifenwagen unterwegs gewesen. Irgendetwas musste also passiert sein.

Seither versuchte Bruno nun Genaueres in Erfahrung zu bringen. Aber nur mit mäßigem Erfolg.

Ein Klicken ertönte neben der Kasse. Der Computer hatte wieder eine Nummer gewählt.

„Ah, der nächste Auftritt!", sagte René laut.

Das Gebrabbel im Schankraum sank auf eine geringe Stärke, als er die Nummern vorlas. Gleichzeitig liefen die drei Ziffern über einen Bildschirm, der an der Wand über der Bühne befestigt war.

„Drei-vier-null!"

An einem der Tische stieg augenblicklich die Stimmung, als ein pummeliger Mann mit grauem Haarkranz lachend zur Theke schritt. Da er bereits seine Geldbörse in der Hand hielt, grinste René und bereitete die Lokalrunde vor.

„Einmal für alle.", sagte der ältere Herr, und legte das Geld auf den Tresen. Seine Stimme klang kratzig, aber das lag an dem letzten Auftritt. Der junge

Mann der zur Bühne gerufen worden war, hatte vom Computer tatsächlich einen bekannten Schlager-Hit zugewiesen bekommen, den beinahe der gesamte Schankraum lauthals begleitet hatte.

Zwar war der Sänger eigentlich zu jung gewesen, als dass er den eigentlichen Hintergrund des Liedes gekannt haben könnte. Doch seine Darbietung war erstklassig gewesen. Sogar René hatte sich dabei ertappt gehabt das Lied leise mitzusingen.

René packte das Geld in die bereits recht gut gefüllte Kasse, und begann die Gläser der Gäste zu füllen. Dieser Abend würde wahrscheinlich die bisherigen bei weitem übertreffen.

Jackie zog sich eines der frisch gefüllten Gläser heran, trank dann noch den letzten Rest des anderen Glases aus. Sie hatte an diesem Abend erst ein Getränk zahlen müssen. Die anderen drei Biere waren Lokalrunden gewesen.

Obwohl sie eigentlich viel Alkohol vertrug, begann sich inzwischen ein leichter Schwips bei der Dreiundzwanzigjährigen bemerkbar zu machen. Beinahe glaubte sie sogar, in der Spiegelung eines der großen gerahmten Bilder hinter der Theke, ein bekanntes Gesicht zu erkennen. Eine junge Frau mit schwarzem Haar und karamellfarbener Haut, die durch den Schankraum geeilt kam.

„Das wäre schön.", murmelte sie sehnsüchtig, als sie plötzlich eine Hand auf ihrer Schulter spürte.

„Jackie?"

Sie drehte langsam den Kopf, daran zweifelnd wirklich ihren Namen gehört zu haben. Und dennoch blickte sie in ihre dunklen Augen. Das Glitzern von Tränen ließ das Dunkel noch intensiver erscheinen. Das sanfte Rot auf den Wangen, das Lächeln auf ihren geschwungenen Lippen, die ebenso in einem sanften Rot geschminkt waren.

Beinahe schien es Jackie, als würde sie nur träumen. Aber sie war es wirklich.

„Jana."

Kapitel IV

Der Blick von der Bühne offenbarte Johannes, dass viele der Bar-Besucher ihm ihre Aufmerksamkeit schenkten, als er an das Mikrophon trat. Die sanfte Melodie von „Can You Feel the Love Tonight" erfüllte den Schankraum. Nach dem letzten Interpreten, der eine sehr harte Version von Jon Bon Jovi's „You Give Love A Bad Name" vorgetragen hatte, war das vom Computer bestimmte ruhigere Liebeslied eine Wohltat für die Anwesenden.

Jana und er hatten die Karaoke-Bar als Ausweichmöglichkeit für den eigentlich geplanten Tanzabend ausgewählt. Unglücklicherweise hatte es in dem Club, in welchem die beiden eigentlich den Abend hatten verbringen wollen, offensichtlich einen kapitalen Wasserrohrbruch gegeben. Dies hatten sie jedoch erst erkannt, als sie vor Ort gewesen waren.

Ein Blick auf das Navi hatte dann die erst vor knapp acht Wochen eröffnete Karaoke-Bar als weitere Option angezeigt. Zwar boten die hiesigen Räumlichkeiten nicht viel Platz zum Tanzen, aber Jana hatte trotzdem vorgeschlagen, den Abend nicht einfach so ausklingen zu lassen. Zudem lag der letzte gemeinsame Gesangsabend auch schon wieder eine Weile zurück.

Und so hatten die beiden schließlich entschieden, René's K-Bar zu besuchen.

Allerdings war die größte Überraschung jene gewesen, dass Jana schließlich Jackie wiedergefunden hatte. Die Tätowiererin, welche ihr das Phönix-Herz gestochen hatte, hatte an der Theke gesessen, als Jana vor Jo in den Schankraum geeilt war.

Als er dann schließlich dazu gestoßen war, hatte seine Frau ihm die andere vorgestellt. Das Lächeln, welches seine exotische Frau ihm dabei gezeigt hatte, war einfach wunderschön gewesen.

Der Abend versprach spaßig zu werden.

Die junge Filipina war in dem von Jo organisierten Separee ein wenig mehr in Richtung Schankraum gerutscht, um ihn besser auf der Bühne sehen zu können.

„Der Ärmste.", sagte Jana mit einem Schmunzeln. „Da blieb ihm das Tanzen erspart, und dann muss er trotzdem auf die Bühne."

„Dann ist heute eigentlich euer Tanzabend?", fragte Jackie.

Die exotisch wirkende Frau berichtete von dem Wasserschaden im Tanzclub, welcher ihren eigentlichen Plan für den Abend zunichte gemacht hatte.

Daraufhin erwähnte die Tätowiererin die Einsatzwagen, welche an der Bar vorbeigerauscht waren.

„Wir hatten uns schon gefragt, was da passiert sein könnte.", gab Jackie zu.

Die beiden Frauen lauschten der gefühlvollen Interpretation des Liedes, welche Johannes den Gästen vortrug. Die klangvolle Gesangsstimme ihres Ehemannes hatte Jana normalerweise eher allein für sich genossen, höchstens noch in Gegenwart ihrer Eltern. Aber offensichtlich fanden auch die übrigen Gäste das sanfte Timbre von Johannes' Stimme sehr angenehm.

Die achtundzwanzigjährige Frau seufzte verliebt, den Blick auf ihren Ehemann gerichtet. Seit nun zweieinhalb Monaten, dem Abend ihres siebten Hochzeitstages, befand sich ihre Beziehung wieder in einem Zustand, den man getrost als leidenschaftliche Verliebtheit bezeichnen konnte.

Nach den beinahe vier Jahren, in denen die Leidenschaft und das Vertrauen aus ihrer Ehe gewichen zu sein schien, hatte tatsächlich ein von Jana entwickeltes Spiel das geschafft, was die bisherigen Experimente und Versuche der beiden nicht dauerhaft bewirkt hatten. Auch wenn die Liebe ungebrochen gewesen war, so hatte Johannes' Ausrutscher der Beziehung sehr geschadet. Sie waren zwar letztlich zusammen geblieben, hatten einander trotz allem unverändert geliebt, aber das Vertrauen hatte gelitten.

Doch durch Jana's Spiel war dies nun Vergangenheit.

Endlich konnten Johannes und sie sich wieder vollends losgelöst einander hingeben.

Die exotische Frau löste ihren Blick von ihrem Mann und blickte Jackie an. Sie bemerkte, dass diese sie aufmerksam musterte. In ihren Augen schimmerte etwas, wie ein Funkeln.

„Du siehst toll aus in dem Kleid.", sagte Jackie bewundernd. Auch wenn sie selber ein wenig errötete, hauptsächlich wegen einer bestimmten Überlegung, die sie nun seit dem Moment des Wiedersehens hegte. Sie wusste zwar was sie sich wünschte, und dass es auch sicher irgendwann geschehen würde. Aber sie wartete noch auf den richtigen Moment, um es auszusprechen.

Plötzlich schien sich an Jana's Blick etwas zu verändern. Die Tätowiererin glaubte, erneut ein Glitzern wie von Tränen in den dunklen Augen zu erkennen. Doch anstatt zu weinen machte Jana einen Vorschlag.

„Vielleicht", begann sie mit einem leicht nervösen Klang in den Worten. „sollten wir diesmal unsere Nummer austauschen, Jackie? So könnten wir Kontakt halten."

Ein Lächeln legte sich auf Jackie's Gesicht. Sie wusste plötzlich, dass dies genau der richtige Augenblick sein würde.

„Wir könnten auch noch etwas mehr austauschen, Jana.", sagte sie verschwörerisch.

Der neugierige Blick der exotischen Frau verriet ihr, dass diese mehr wissen wollte.

Die Dreiundzwanzigjährige rutschte etwas näher, näherte sich mit ihren Lippen ihrem Ohr. Flüsternd offenbarte sie der exotischen Frau ihre Überlegung. Das sowohl sie selbst, als auch Jana bei diesen Worten erröteten, war Jackie egal. Sie wollte einfach nur, dass die andere Frau über ihre Gedanken Bescheid wusste.

„Meinst du wirklich?", fragte Jana schließlich und blickte der freudig lächelnden Frau in die Augen. Für einen kurzen Augenblick schien alles andere bedeutungslos.

Als Johannes schließlich unter dem begeistertem Applaus der übrigen Gäste von der Bühne zum Separee zurückkehrte, und die beiden Frauen ihn verschwörerisch angrinsten, war er erst verwirrt. Ihm war zwar klar, dass zwischen Jana und Jackie an diesem Tag vor zweieinhalb Monaten irgendetwas entstanden war, aber Jana's Worte waren dann doch eine echte Überraschung für ihn.

„Statt hier zu singen, hätten wir eigentlich eher Lust auf ein Würfelspiel."

Das Taxi fuhr den Kiesweg hinunter und entschwand den Blicken der drei Leute, die nun mit gemäßigtem Tempo auf die Haustür zugingen. Die vom Tageslicht aufgeladenen Solar-Leuchten, welche den knapp einen Meter breiten Weg in unterschiedlichen Abständen säumten, erhellten die inzwischen überwiegende Dunkelheit der frühen Nachtstunden.

Die drei hatten sich dazu entschieden die Fahrt zum Haus von Johannes und Jana nicht im angetrunkenen Zustand zu machen. Stattdessen hatte Jo einen Taxidienst damit beauftragt. Der Kombi wartete nun auf dem von Videokameras überwachten Parkplatz, der sich in der Nähe der Karaoke-Bar befand, und konnte am nächsten Tag abgeholt werden.

Nun ging Johannes voran, da die beiden Frauen noch eine Zigarette rauchen wollten.

Somit war er zuerst im Haus, wo er sich, wie ihm Jana aufgetragen hatte, um die Vorbereitungen für das Spiel kümmerte. Der Couchtisch stand an seinem gewohnten Platz, ein paar Couchkissen auf dem Boden sollten den dreien als Sitzgelegenheiten dienen. Die beiden Würfelbecher, welche Johannes und Jana bisher für ihre gemeinsamen Spielrunden benutzt hatten, wurden durch einen weiteren Becher mit fünf Würfeln ergänzt.

Tatsächlich hatte seine Frau inzwischen ein weiteres Paar an Würfelbechern organisiert, welches bisher jedoch lediglich zum Kniffel-Spielen mit den Schwiegereltern benutzt worden war. Ansonsten diente es den beiden Kindern als freudig begrüßtes Mittel um ordentlich Krach zu machen.

Rico und Emmalyn waren am frühen Nachmittag gemeinsam mit Jana's Eltern in einen zweiwöchigen Urlaub aufgebrochen. Die Urlaubszeit war angebrochen, und die beiden Kleinen hatten sich das schon länger gewünscht. Und natürlich hatten Jana und Johannes zugestimmt, da sie nun zumindest ein langes Wochenende für sich allein hatten, bevor der Arbeitsalltag Johannes wieder vereinnahmen würde.

Und nun war unerwartet sogar plötzlich ein Abend zu dritt daraus entstanden.

Mit einem Grinsen schüttelte der junge Mann den Kopf. Der unglaubliche Zufall, dass Jackie gerade heute in dieser Bar gewesen war, hatte ihn zuerst ziemlich überrascht. Als die junge Frau jedoch René's K-Bar als ihre Stammkneipe bezeichnete, hatte er es verstanden. Wenn man es so sah, dass sie zumindest jeden Freitag dort war, erschien die Möglichkeit sie dort zu treffen doch nur allzu logisch.

Johannes stellte ein paar Flaschen fruchtigen Weincocktail bereit, dazu drei Weingläser. Dies war der einzige Alkohol, von welchem der sonst sehr anfällige Mann auch ein paar mehr Gläser trinken konnte.

Er vernahm die Stimmen der beiden Frauen in dem Augenblick, als er die HiFi-Anlage aktivierte und eine zufällig gegriffene CD einlegte. Ruhige Musik erfüllte die geräumige Wohnstube, als die beiden eintraten.

„Willkommen in unserem Heim.", begrüßte Johannes die beiden Frauen, blickte dabei jedoch nur Jackie an. Die Neugier stand ihr ins Gesicht geschrieben, als sie sich umsah.

„Hübsch hier.", sagte sie anerkennend. Gleichzeitig schwang in ihrer Stimme jedoch auch Ungeduld mit, was dem jungen Mann und auch seiner Frau sofort auffiel.

„So ungeduldig?", fragte Jana, die direkt neben Jackie stand.

„Ja, irgendwie schon.", gab diese zurück. „Und auch etwas nervös, muss ich zugeben."

Sie blickte in die dunklen Augen der exotischen Frau. Ein Sehnen erfasste Jackie, die nun Jana's Hand ergriff, und beinahe flehentlich in Richtung des Couchtisches blickte. Dort befanden sich die Würfelbecher, und diese waren einfach das, was sie im Augenblick brauchte.

„Können wir dann anfangen?" An ihren Worten war deutlich zu erkennen, dass ihr alles andere beinahe egal zu sein schien. Für sie war die Aussicht auf die kommende Spielrunde verlockender als jeder Gedanke an Richard. Auch ihre Arbeit im Tattoo-Studio schien Jackie plötzlich nebensächlich.

Das Einzige, was für Jackie in diesem Moment von wirklicher Wichtigkeit schien, war die Möglichkeit, mit diesen beiden Menschen, mit Johannes und Jana, jenes Spiel zu spielen. Das Spiel, welches zu dem Treffen mit der exotischen Frau geführt, und die Grundlage für das tätowierte Phönix-Herz gewesen war.

Mit einem aufmunternden Lächeln führte Jana die trotz ihrer Frage doch recht angespannt und nervös wirkende Jackie zum Couchtisch, und ließ sich selbst dort auf eines der drei Sitzkissen sinken. Irgendwie hatte die Frau mit dem zarten Karamellton sich seit dem Besuch im Tattoo-Studio verändert.

Es war Jackie zuerst nicht wirklich bewusst gewesen, doch die einen Meter und zweiundsechzig messende Frau besaß an diesem Abend eine besondere Ausstrahlung, welche sie damals so noch nicht gehabt hatte. Diese kam jedoch nicht von ihrer Aufmachung. Zwar verliehen ihr das dezente MakeUp, die hochgesteckten Haare und auch das herrliche marineblaue Cocktailkleid einen ganz besonderen Stil. Doch irgendwie schien Jana noch von einer speziellen Aura umgeben, welche die Tätowiererin noch nicht genau bestimmen konnte.

Auch das Verhalten von Johannes wirkte ein wenig anders, als Jackie es sich nach der Beschreibung der jungen Frau vorgestellt hatte. Er war zwar wirklich sehr nett, aber irgendetwas verbarg sich noch unter der Oberfläche, schien dort zu lauern. Der Mann, der nun hier vor ihr stand, und soeben den fruchtigen Weincocktail in drei bauchige Gläser goss, schien genau wie seine Frau von einer seltsamen, geheimnisvollen Aura umgeben zu sein.

Jackie ließ sich langsam auf das dritte Sitzkissen sinken. Sie fragte sich, ob all diese plötzlichen Feststellungen an den beiden vielleicht rein durch ihre Nervosität hervorgerufen wurden. Es war schließlich das erste Mal, dass sie nun das besondere Spiel mitmachen würde, welches die Beziehung zwischen Jana und Johannes letztlich wieder mit dem Vertrauen und der Leidenschaft ausgefüllt hatte, nach welchen die beiden sich über Jahre gesehnt hatten.

Aber möglicherweise lag Jackie's Anspannung auch an der Tatsache, dass sie bereits einige sehr genaue Vorstellungen von dem hatte, was sie an diesem Abend, während des Spieles tun wollte.

„Darf ich eine Frage stellen?", wollte sie plötzlich wissen.

Sowohl Johannes als auch Jana blickten sie an.

„Ihr habt das Spiel ja bisher nur zu zweit gemacht.", sagte sie. „Wie soll es aber zu dritt überhaupt funktionieren? Das ist ja dann doch was anderes."

Die Filipina blickte ihren Mann mit einem verschwörerischen Grinsen an. Jackie bemerkte, dass in diesem Grinsen irgendwie auch etwas Freches lag. Ein seltsames Gefühl breitete sich in ihr aus.

Johannes, der sich inzwischen zu ihnen an den niedrigen Couchtisch gesetzt hatte, strich mit dem Zeigefinger der linken Hand über die Tischplatte, blickte Jackie dabei an. Auch in seinem Blick schien eine Art verborgene Botschaft mitzuschwingen, welche der Frau ein nicht unangenehmes Schaudern verpasste.

„Wir haben schon über einen solchen Fall nach-
gedacht.", sagte der Mann. Seine Stimme war sanft
und ruhig. „Während beim Spiel zu zweit ja jeder
nur ein Ziel für seine Forderungen und Aufgaben
hat, ist es einfach so, dass beim Spiel zu dritt die
beiden anderen Mitspieler gleichzeitig die Ziele
sind."

Jana fügte ergänzend hinzu: „Du kannst beiden
eine gemeinsame Aufgabe erteilen, oder jedem eine
eigene. Aber sie müssen sich schon ergänzen."

„Die sonstigen Regeln kennst du ja.", vermutete
Johannes. „Jana hat dir ja damals einen Crashkurs
gegeben."

Jackie lachte ein wenig beschämt.

„Ja, aber das ist schon länger her."

Die Frau zu ihrer Rechten nahm den direkt vor
ihr stehenden Würfelbecher in die Hand, schüttelte
ihn. Das Klappern der Würfel erschreckte Jackie
kurz, doch gleichzeitig stieg ihre Neugier und Vor-
freude.

Das Spiel hatte begonnen.

Die Filipina senkte den Becher mit der offenen
Seite auf die Tischplatte. Als sie ihn anhob, und
ihren ersten Wurf offenbarte, legte sich ein ent-
täuschter Ausdruck auf ihr Gesicht.

„Ich behalte die beiden Einer." Die anderen Würfel fielen wieder in den Becher.

Nach zwei weiteren Würfen hatte sie insgesamt drei Einer vor sich liegen.

„Schwacher Start.", sagte sie ein wenig enttäuscht und blickte Jackie an. „Jetzt du."

Diese nahm ihren Würfelbecher. Etwas zitternd machte sie den ersten Wurf.

Johannes, der sich neugierig vorgebeugt hatte, grinste als er die beiden Dreien sah, die Jackie zusammen mit einer Eins, einer Vier und einer Fünf enthüllte.

„Schonmal besser als du, Schatz."

Jana streckte ihm die Zunge heraus.

Die Dreien behaltend, warf Jackie mit dem zweiten Wurf erneut eine Vier. Allerdings konnte sie nun den beiden Dreien zwei Einsen hinzufügen. Ihr dritter Wurf erbrachte nur eine einsame Sechs.

„Zwei Paare.", sagte Jana feixend. „Meinen Drilling schlägst du damit nicht, Jackie."

Sie nahm sich ihr Weinglas, trank einen Schluck und blickte zu Jo, der nun seinerseits seinen ersten Wurf enthüllte. Vor ihm lagen zwei Dreien, eine Vier und zwei Fünfen.

„Sehr gut.", sagte der Mann zufrieden. „Zwei Paare und noch zwei Versuche!"

Die Vier wanderte wieder in den Becher, und wurde zur Sechs, und anschließend zu einer Eins.

„Der erste Punkt gehört also mir." In Jana's Stimme klang eine beinahe gemeine Freude mit. Doch der sanfte Blick den sie Jackie zuwarf zeigte, dass dieser Ton wohl eher nur Jo galt. „Und jetzt beginnst du." Sie schenkte der anderen Frau das dieser bereits bekannte sanfte Lächeln.

Ein Gefühl von Sehnsucht ergriff Jackie. Sie wollte dieser Frau einfach näher kommen, als sie es nun schon war. Mehr als hier zu sitzen, und das Spiel zu spielen, wünschte sie sich, Jana in ihre Arme zu nehmen.

Dennoch nahm sie die Würfel auf, ließ sie in den Becher fallen und vollführte den ersten ihrer drei Würfe. Am Ende ihrer Runde grinste sie ihre beiden Mitspieler an, zufrieden mit dem Ergebnis. Die drei Zweier und zwei Vierer waren besser als ihre erste Runde.

„Full House!", sagte sie erfreut und nahm ihr Weinglas.

Jana nickte anerkennend und stieß mit ihrem Glas an.

Doch Johannes' drei Würfe ließen Jackie's Mundwinkel wieder absinken.

„Och nee!", sagte sie, als sie sein Full House erblickte. Die Kombination aus drei Vieren und zwei Fünfen machten ihr Ergebnis zweitrangig.

Ein freches Grinsen von Jo unterstrich ihre Enttäuschung.

Nun machte Jana ihre drei Würfe, und schlug ihrerseits Jo's Ergebnis.

„Du hast wirklich Glück mit den Würfeln.", sagte Jackie überrascht, als Jana die vierte Zwei warf.

„Zwei Punkte für dich, Schatz.", sagte Johannes und zwinkerte ihr zu.

Sie erwiderte das Zwinkern und warf dann Jackie einen Blick zu. Die Filipina biss sich lächelnd auf ihre Unterlippe.

„Was ist?", fragte Jackie neugierig. Irgendwie war Jana's Art, mit der sie die Tätowiererin ansah, wirklich anders als damals. Es lag ein Feuer in diesem Blick, welches damals nicht dort gewesen war. Wieder durchfuhr sie ein angenehmes Schaudern.

Irgendetwas schien die exotische Frau zu planen.

„Dann werde ich mal würfeln.", sagte Johannes und ließ die fünf Würfel in seinem Becher klappern.

„Gib dir Mühe!", sagte Jana und setzte sich etwas bequemer hin. „Ich hab schon zwei Punkte." Sie warf der anderen Frau einen erfreuten Blick zu.

Eine Vermutung keimte bei dieser Bemerkung in

Jackie's Geist. Konnte es sein, dass Jana vielleicht ähnliche Empfindungen hatte wie sie? Hatte auch sie eine Neigung zu anderen Frauen?

Johannes' drei Würfe ergaben dieses Mal lediglich zwei Fünfen, was ihm ein enttäuschtes Seufzen entlockte. Jana beendete ihre Würfelrunde mit drei Dreien.

Gespannt blickten die beiden nun zu Jackie.

Als diese den Becher zum ersten Mal anhob, erblickte sie je zwei Vieren und Sechsen, sowie eine Drei.

„Die Drei muss gehen.", sagte sie, warf ein weiteres Mal. Die nun geworfene Zwei wanderte gleich wieder in den Becher. „Auch weg!" Schließlich fügte sie beim dritten Wurf eine dritte Vier zu ihrem Ergebnis, vollendete das Full House.

„Ein Punkt für dich!", sagte Johannes und erhob sein Glas.

Jackie schenkte ihm ein Lächeln, und stieß mit ihm und auch Jana an.

Tatsächlich hatte die Filipina damals nicht übertrieben. Das Spiel machte Spaß.

Die folgende Runde bescherte schließlich auch Johannes seinen ersten Punkt.

Anschließend jedoch war es soweit.

„Das ist der Dritte Punkt für mich!" Jana klatschte in die Hände, betrachtete zufrieden den Einer-Pasch aus fünf Würfeln, der sie als Sieger der fünften Würfelrunde auswies. Dann blickte sie erst Jackie und dann Jo an.

Beide erwiderten abwartend ihren Blick. Während jedoch ihr Ehemann ein wissendes Lächeln zeigte, war die Tätowiererin eher nervös. Der Blick, den die exotische Frau ihr zuwarf, war mehrdeutig. Darin schimmerte eine Mischung aus Verlangen, Sehnsucht und Lust.

„Jo, du guckst weg!", sagte Jana plötzlich zu ihrem Mann gewandt. Ihre sonst sanfte Stimme hatte bei diesen Worten einen festen, bestimmenden Ton. Beinahe unterwürfig, aber immer noch mit einem Lächeln, befolgte er ihren Wunsch und drehte den beiden Frauen den Rücken zu.

„Und du, Jackie" Als sie sich wieder zu ihr drehte war ihr Blick noch sehnsüchtiger. Mit einem sanften Lächeln auf den Lippen blickte sie die Dreiundzwanzigjährige an. „Du zeigst mir jetzt die Lotosblume!"

Jackie erstarrte. Sie hatte irgendwie schon wieder vergessen, dass sie Jana dieses Angebot zwar gemacht, aber leider nicht eingehalten hatte. Doch dass dies nun ihr erster Wunsch sein könnte, das hatte sie überhaupt nicht erwartet.

Die Filipina saß ihr direkt gegenüber. In ihren Augen lag ein Funkeln, ein Strahlen, welches die Sehnsucht und die Vorfreude zeigte.

„Also gut.", sagte Jackie mit leicht zittriger Stimme, und erhob sich langsam.

Es war ein seltsames Gefühl, als sie den Saum ihres ärmellosen Oberteils ergriff und langsam anhob. Ein innerliches Erbeben, welches von der Bauchregion in den ganzen Körper strahlte, erfüllte sie. Die Empfindung, welche der Gedanke auslöste, dass Jana nun tatsächlich jenes sehr intime Tattoo sehen würde, gefiel ihr. Aber gleichzeitig wunderte sie sich immer noch über die Ausstrahlung, welche von Jana ausging.

„Soll ich helfen?", vernahm sie plötzlich die sanfte Stimme der anderen Frau.

Sie spürte die Wärme von Jana's Händen, welche ihre zitternden Hände sanft beiseite schoben. Es war Jackie nicht möglich etwas zu erwidern, als die Filipina ihr dabei half den Verschluss ihrer kurzen Jeanshose zu öffnen. Ihre eigenen Hände hatten sich irgendwie als zu verkrampft, zu zittrig erwiesen. Sie spürte, dass Jana ihr sanft die Hose nach unten zog. Gleichzeitig bemerkte sie deutlich, dass ihr ein Schwall Blut in die Wangen schoss, und sie hob die Hände vor ihr Gesicht.

„Wow." Jana strich sanft mit den Fingern über die filigran wirkenden Blätter der Lotosblume, welche den Bereich oberhalb von Jackie's Scham zierten. Vorsichtig, ohne viel Druck auszuüben, glitt ihr Daumen dann über den Fruchtknoten. „Das sieht toll aus, Jackie."

Als Jana ihren Blick von der ersten Tätowierung der anderen Frau löste und aufblickte, erkannte sie, dass diese zitterte. Es war kein Zittern, welches aufgrund von Kälte oder Scham eingetreten war. Eher schien ein lustvolles, wohliges Beben Jackie's Körper zu durchlaufen.

Ein zufriedenes Lächeln legte sich auf das Gesicht der exotischen Frau. Offensichtlich empfand Jackie ebenso wie sie selbst, wollte mehr als nur eine Freundschaft. Das Spiel würde also gewiss beiden endlich zu dem verhelfen, was sie sich insgeheim wünschten.

Johannes, der die Aufgabe seiner Frau so brav befolgt hatte, wie auch schon bei den anderen Spielrunden, erhob eine Hand.

„Darf ich mich wieder umdrehen, die Damen?", fragte er. In seiner Stimme klang deutlich ein leichter Unmut darüber mit, dass er den Blick hatte abwenden sollen.

„Noch nicht.", erwiderte Jana, und begann der

anderen Frau beim Richten ihrer Kleidung zu helfen.

Noch sollte Johannes, der sich garantiert schon eine Retourkutsche überlegte, Jackie nicht so sehen. Und der Abend hatte ja schließlich auch erst begonnen, so dass er gewiss noch einige Möglichkeiten haben würde.

Entspannt hatte Johannes sich zurückgelehnt. Er hatte, ebenso wie die Frauen, bislang auf dem Boden gesessen. Doch nun hatte er es sich auf seinem Sessel bequem gemacht, um den ihm gebotenen Anblick zu genießen.

Tatsächlich war es ihm gelungen, seine noch fehlenden zwei Punkte zu erwürfeln, bevor dies Jackie geglückt war. Sein Wunsch war es gewesen, dass die beiden Frauen für ihn tanzen sollten. Allerdings nicht irgendwie, sondern erotisch, anheizend.

Einen ähnlichen Wunsch hatte Jana ihm an einem ihrer Spielabende bereits erfüllt. Somit war er sich sicher gewesen, dass seine Frau auch Jackie dabei anleiten können würde. Allerdings hatte sich schnell gezeigt, dass die Tätowiererin darin keine Unterweisung brauchte.

Diese Jackie strahlte einen natürlichen Reiz aus. Ihr schlanker Körper war, ebenso wie der seiner exotischen Ehefrau, sehr beweglich, wiegte sich sanft und zugleich fordernd im Rhythmus der Musik.

Johannes bedauerte irgendwie, dass der Tanz bald vorbei sein würde. Das von ihm ausgewählte Lied hatte sofort die Zustimmung der Frauen gefunden. Es war ein romantischer Rocksong, dessen Melodie und Rhythmus den beiden Tanzenden eindeutig Freude bereiteten.

Immer wieder hatten sich Jana und Jackie einander genähert, ihre Körper nur wenige Zentimeter voneinander getrennt gehalten. Die Blicke, die sie einander dabei geschenkt hatten, waren heiß, voller Leidenschaft. Und auch, wenn sie Berührungen angedeutet hatten, schienen sie doch nur mit Jo's Vorstellung zu spielen.

Doch etwas war ihm dennoch aufgefallen. Der Ausdruck, der nun in Jana's Augen lag, war ihm nur allzu vertraut.

Seit sie vor knapp zweieinhalb Monaten mit dem Spiel begonnen hatten, hatte Jo bemerkt, dass sich Jana ein wenig verändert hatte. Es gefiel der jungen Frau mehr und mehr, die Kontrolle zu übernehmen. Natürlich hatte sie auch Spaß daran, wenn er sie anleitete, aber irgendwie genossen beide es mehr, wenn seine Frau ihn führte.

Beide hatten ein deutliches Vergnügen daran gefunden, den anderen zu reizen und zu bespielen. Und nun schien Jana offensichtlich Vergnügen an dem Gedanken zu haben, etwas Ähnliches auch mit Jackie versuchen zu wollen.

Die junge Tätowiererin betrachtend, hatte die Filipina damit begonnen, langsam im Kreis um sie herum zu gehen. Während des bisherigen Tanzes hatte auch Jana den Abstand zwischen den beiden stets eingehalten. Aber nun, als die letzten Minuten des Liedes eingesetzt hatten, wollte die junge Frau, welche knapp einen Kopf kleiner als ihre Tanzpartnerin war, offensichtlich einen Schritt weiter gehen. Sie legte ihre linke Hand an Jackie's Hüfte, umfasste mit der rechten Hand ihre Schulter.

Aus dem bisher feurigen Tanz der beiden wurde zum Abschluss des Liedes ein von Ruhe und Sanftheit erfüllter Kuscheltanz. Beide Frauen genossen die Nähe der anderen, blickten einander in die Augen, ließen sich gegenseitig führen.

„Ich bin froh, dass du das vorgeschlagen hast, Jackie.", sagte Jana.

„Ich bin froh, dass ihr einverstanden wart.", gab Jackie zurück. „Es ist wirklich ein schöner Abend."

Als die Musik schließlich stoppte, und die beiden Frauen zum Tisch zurückkehrten, hielten sie immer noch die Hand der anderen fest.

„Das war toll.", lobte Johannes. „Die Aufgabe wurde vollends erfüllt."

Jana grinste und blickte zu Jackie.

„Du brauchst noch einen Punkt, Jackie.", sagte sie schelmisch. „Streng' dich an!"

Die Angesprochene nickte, als sie die Hand der anderen Frau losließ, und den Würfelbecher ergriff. Innerlich hoffte sie, dass auch die klappernden Würfel diese Worte gehört hatten. Sie wusste bereits genau, was sie sich wünschen würde. Es war etwas, das ihr schon den ganzen Abend durch den Kopf ging. Etwas, das ihre Gedanken beherrschte seit dem Moment, als sie Jana wiedergesehen hatte.

Jackie's erster Wurf zeigte, dass die sechsseitigen Würfel offensichtlich auf ihrer Seite waren.

„Drei Fünfen?", entfuhr es Johannes, der wieder auf dem Sitzkissen Platz genommen hatte.

„Irre.", murmelte Jana.

Mit einem Grinsen senkte Jackie den ledernen Becher, mit den beiden anderen Würfeln, erneut auf den Tisch.

„Bitte ...", flüsterte sie, als sie das Wurfergebnis freilegte. „Ja!"

Die Blicke der beiden Mitspieler zeigten gleichzeitig deren Verblüffung und Freude. Die Tatsache, dass Jackie mit zwei Würfen einen Fünfer-Pasch vollendet hatte, sorgte für Spannung.

„Jetzt ich!", sagte Jana.

Ihre drei Würfe erbrachten lediglich je ein Paar Dreien und Vieren. Somit hatte sie keine Chance gegen das Ergebnis der anderen Frau. Aber ihr strahlendes Lächeln zeigte, dass sie darüber nicht enttäuscht war.

Johannes erwürfelte zwar einen Flush, von der Eins bis zur Fünf, doch auch damit war der Fünfer-Pasch der Tätowiererin nicht zu schlagen.

„Damit hast du drei Punkte, Jackie.", sagte er neugierig. „Was ist also dein Wunsch?"

Sie atmete tief durch, blickte Johannes an.

„Sekunden oder Minuten?", fragte sie.

Jo stutzte. Auch Jana blickte sie überrascht an.

„Wie meinst du das?", fragte die Filipina.

„Johannes bekommt zwei Fragen von mir.", erklärte Jackie. „Also? Sekunden oder Minuten?"

„Minuten, würde ich sagen.", erwiderte der Mann.

Sie nickte. „Also Minuten. Und nun eine Zahl von Eins bis Zehn."

Johannes, der sich immer noch wunderte, entschied sich für die Zehn.

„Okay.", sagte Jackie mit leicht erröteten Wangen

und drehte sich dann zu Jana.

Diese blickte sie überrascht an. Dann erhellte sich ihr Blick.

„Ich denke ich weiß, was dein Wunsch ist, Jackie.", sagte sie. Auch auf ihren Wangen zeigte sich eine leichte Rötung.

Nun hatte auch Johannes erkannt, warum Jackie ihm diese beiden Fragen gestellt hatte. Sie hatte ihm damit die Entscheidung überlassen.

„Also zehn Minuten.", sagte er. „Und ich muss zusehen." In seiner Stimme schwang zwar ein leicht enttäuschter Klang mit, doch er freute sich auch schon auf das Kommende.

Jackie betrachtete Jana's hübsches Gesicht. Ihre Augen wanderten von den dunklen Augen der exotischen Frau zu ihren sanft geschwungenen Lippen. Beide lächelten sich an.

„Also?", fragte Jana.

„Ich will dich küssen, Jana.", sagte Jackie bestimmt. „Zehn Minuten!"

Die Filipina nickte. Obwohl sie sich schon darüber klar gewesen war, was der Wunsch sein würde, verspürte sie dennoch eine plötzliche Nervosität. Bisher hatte sie lediglich Männer geküsst, sich lediglich zum männlichen Geschlecht hingezogen gefühlt.

Aber irgendwie hatte sie sich schon bei dem Treffen, als Jackie ihr das Phönix-Herz tätowiert hatte, zu dieser Frau hingezogen gefühlt. Auch während der vergangenen knapp zweieinhalb Monate, hatte sie sehr oft an sie denken müssen. Sie hatte Jackie so sehr vermisst. Die Sehnsucht, welche sie empfunden hatte, war beinahe ebenso stark gewesen, wie die Sehnsucht nach Johannes, als dieser vor Jahren die zeitweilige Trennung festgelegt hatte.

Doch auch, wenn Jana sich ihrer Gefühle für Jackie sicher war, war sie nun nervös.

Die junge Frau, die ihr gegenüber auf dem Couchkissen kniete, und sie mit ihrem sehnsuchtsvollen Blick ansah, hatte den Wunsch geäußert sie zu küssen. Zwar verspürte Jana bei diesem Gedanken auch ein intensives Kribbeln, doch bisher hatte sie noch nie eine Frau geküsst. Von ihrer Mutter und Emmalyn einmal abgesehen, aber die beiden waren Familie.

„Darf ich?", fragte Jackie. In ihrer Stimme schwang mehr als nur etwas Sehnsucht mit.

Die Filipina blickte von der anderen Frau zu Johannes, der sie anlächelte.

„Es ist deine Entscheidung, Schatz." Seinen Worten folgte ein leichtes Nicken, begleitet von einem Zwinkern.

Sie blickte wieder zu Jackie. In den Augen der jungen Frau lag ein Flehen, auf ihren Wangen schimmerte ein leichtes Schamrot. Ihre feinen Lippen zitterten ein wenig.

„Also gut.", sagte Jana leise. „Ich bin einverstanden."

Ein erfreutes Lächeln umspielte Jackie's Lippen. Sie erkannte, dass auch Jana ein Lächeln zeigte, wenn auch ein wenig schüchtern.

Langsam streckte sie die Hand aus, strich mit den Fingerspitzen sanft über die linke Wange der exotischen Frau. Sie spürte die Wärme ihrer Haut, ließ die Hand dann über das Ohr gleiten, und sie schließlich in Jana's Nacken ruhen.

Die Filipina zitterte leicht, obwohl sie die Berührungen genoss. Dann spürte sie, wie Jackie sie sanft zu sich zog. Sie stützte sich mit den Händen auf den Oberschenkeln der anderen Frau ab, spürte den warmen Atem in ihrem Gesicht.

Als die Lippen der beiden Frauen sich trafen, hatten beide bereits ihre Augen geschlossen.

Tief sog Jackie den Duft der exotischen Frau ein. Sie fühlte die Wärme ihrer Lippen, genoss den Duft, die Mischung aus Jana's eigenem süßlichen Aroma und ihrem Atem.

Sanft strich sie mit ihren Lippen über die der Filipina. Jackie bemerkte, dass Jana ihre rechte Hand von ihrem Oberschenkel nahm, sie an ihre Wange legte und diese zärtlich streichelte. Das sanfte Kribbeln, welches sie empfand, als sie die zärtliche Berührung spürte, steigerte ihr ohnehin bereits starkes Verlangen nach mehr.

Ganz vorsichtig öffnete Jackie ihre Lippen ein wenig, berührte mit der Zungenspitze sanft die Lippen der Filipina. Diese zog überrascht den Kopf ein wenig zurück, blickte sie unsicher an.

„Tut mir leid.", flüsterten beide Frauen zugleich.

Erneut näherten sie sich einander, trafen sich ihre Lippen.

Johannes beobachtete das zärtliche Spiel der beiden Frauen. Der Anblick sorgte in ihm sowohl für Vergnügen, als auch für so etwas wie ein wenig Eifersucht.

Es war nicht so, dass es ihn störte, dass die beiden einander so nah waren. Auch den Umstand, dass Jackie sich gerade einen Kuss mit seiner Frau gewünscht hatte, akzeptierte er. Ihm war durch Jana's Verhalten in der letzten Zeit klar geworden, dass sie mehr für diese Tätowiererin empfinden musste, als nur bloße Freundschaft.

Was ihn persönlich an dem augenblicklichen Geschehen störte, war die Tatsache, dass er auf den

Kuss an sich eifersüchtig war. Auch wenn er Jana irgendwie zur Zusage animiert hatte, beneidete er sie darum.

Ein leises Seufzen lenkte seine Aufmerksamkeit dann wieder auf die beiden Frauen.

Mit einem wehmütigen Gefühl erkannte er, dass dem vorangegangenen Zurückschrecken von Jana nun eine Entspannung gefolgt war. Die Beobachtung des leidenschaftlichen Zungenkusses, den die beiden Frauen sichtlich genossen, ließ seine eigene Erregung ansteigen.

Er war gespannt, wie weit Jana und Jackie wohl noch gehen würden.

Der Stundenzeiger der Wanduhr näherte sich langsam der großen Neun, als die beiden Frauen von einer kurzen Raucherpause in das Wohnzimmer zurückkehrten. Nach dem Zehn-Minuten-Kuss hatten sowohl Jana als auch Jackie nach der kurzen Pause verlangt. Der heftige Herzschlag war beinahe ebenso zu vernehmen, wie auch ihr Atem.

Johannes hatte wortlos genickt. Er hatte gewartet, bis beide auf der Terrasse gewesen waren, bevor er sich in die Küche begeben hatte, um eine neue Flasche Weincocktail zu holen.

Die Wölbung in seinem Schritt war zwar auch in

sitzender Position nicht wirklich zu übersehen, aber dennoch wäre es ihm schon unangenehm gewesen, so vor den Frauen aufzustehen. Zwar hätte Jana nur geschmunzelt, aber vor Jackie wäre es ihm dann doch etwas peinlich gewesen.

Nun hatte sich sein Körper ein wenig abgekühlt, seine Erregung sich wieder etwas gelegt.

Die Wangen der beiden Frauen zeigten bei der Rückkehr von der Terrasse immer noch einen leichten Rotschimmer. Als sie sich wieder auf den am Boden liegenden Couchkissen niederließen warfen beide Johannes einen forschenden Blick zu, als er die Weingläser auffüllte.

„Alles wieder ruhig?", fragte Jana grinsend.

Die Flasche abstellend, blickte ihr Mann sie frech an.

„Die Pause tat gut.", gab er zurück und griff nach dem Würfelbecher. Als er die Würfel klappern ließ, fügte er hinzu: „Meinen nächsten Wunsch weiß ich auch schon, meine Damen."

Beide Frauen tranken einen Schluck Wein, während Jo sich den Würfeln widmete.

Es vergingen einige Minuten, bis schließlich Jana erneut ihre drei Punkte zusammen hatte.

„Ich sammle weiter.", sagte sie verschwörerisch.

„Was planst du, Jana?", fragte Johannes, als er bei

diesen Worten ein zustimmendes Grinsen bei Jackie erblickte. „Habt ihr beiden euch etwa abgesprochen?" Aber beide Frauen schenkten ihm als Antwort nur ein Lächeln.

Fortwährend fielen die Würfel. Und mit ihnen entwickelte sich in dem Wohnzimmer eine immer entspanntere Atmosphäre.

Die Wünsche der drei Spieler waren dabei sehr abwechslungsreich.

Jackie wünschte sich als nächstes eine Massage, gleichzeitig von Jo und Jana. Während er ihren Rücken von den Verspannungen befreite, verwöhnte sie ihre Füße. Und obwohl dieser Wunsch von ihr eigentlich wirklich nur ihrer Entspannung hatte dienen sollen, verspürte die junge Frau bei den Berührungen von Johannes sanften und gleichzeitig auch kräftigen Händen auch das Ansteigen eines Verlangens nach mehr.

Sie merkte, wie ihre Gedanken sich mit diesem Mann zu beschäftigen begannen, fragte sich, was ihm wohl durch den Kopf ging. Nachdem er den Kuss zwischen ihr und seiner Frau beobachten durfte, eher musste, hatte sich gewiss auch in ihm mehr als nur ein bisschen geregt.

Außerdem hatte er ja bereits angekündigt, dass er seinen Wunsch schon wusste. Also würde bestimmt etwas Interessantes geschehen.

Schließlich hatte Johannes sein Ziel erreicht.

Mit einem breiten Grinsen präsentierte er das Full House, welches die beiden Frauen mit ihren Würfen nicht hatten überbieten können. Nun blickten ihn die Frauen abwartend an.

„Also? Was wünscht sich Johannes nun?", fragte Jackie neugierig.

Sein Blick wanderte von der Tätowiererin zu seiner Frau.

„Jana nennt mal eine Zahl.", sagte er. „Zwischen fünf und zwölf, bitte."

Mit einem verstehenden Nicken sagte sie: „Ich wähle die zehn! Und falls du zwei Fragen stellen willst, ist meine nächste Wahl „Minuten"."

„Äh ..." Jackie's Blicke wanderten zwischen den beiden hin und her.

Johannes fixierte die junge Frau, die durch die Worte der beiden überrascht wirkte.

„Jackie.", sagte er mit fester Stimme. „Ich möchte auch einen Kuss von dir. Zehn Minuten!"

Unsicher und ein wenig zögernd blickte Jackie von Johannes zu Jana. Sie zu küssen war für die Dreiundzwanzigjährige ein Muss gewesen. Seit sie sich durch das Zusammentreffen mit Inés ihrer Neigung sicher gewesen war, hatte sie diesen Wunsch gehegt. Sogar vorher schon, wie ihr beim Nachdenken über ihre Träume mit der Filipina klar geworden war.

Und als sich nun diese Möglichkeit durch das gemeinsame Spiel ergeben hatte, war sie endlich diesen Schritt gegangen. Und es war wundervoll gewesen, hatte sogar die Lust auf mehr geweckt.

Doch nun hatte auch Johannes diesen Wunsch geäußert. Er wollte sie küssen.

„Was meinst du, Jana?", fragte Jackie unsicher.

Diese neigte sich zu ihr, senkte die Stimme.

„Tu es!", flüsterte die exotische Frau. „Er hat es sich verdient."

Unsicher, was Jana damit meinte blickte Jackie wieder zu dem Mann.

Sein freches Grinsen zeigte, dass er tatsächlich mit ihrem Zögern gerechnet zu haben schien.

Offensichtlich waren Johannes und auch Jana gewillt, sie zu reizen. Als hätten beide einen geheimen Plan gefasst. Die Ausstrahlung, ja Wirkung, welche beide auf die junge Frau ausübten, hatte irgendwie etwas Forderndes. Als würden sie neben dem Würfelspiel noch ein weiteres spielen.

Jackie erhob sich, ging langsam zu Johannes. Bei ihm sank sie wieder auf die Knie.

„Also gut.", sagte sie. „Wenn du den Ausgleich

willst, sollst du deinen Willen haben."

Wieder streckte sie langsam die Hand aus. Doch Jo umfasste sanft ihr Handgelenk, zog die schlanke Frau an sich.

Anders als Jana war Johannes nicht so zurückhaltend. Sein Kuss war gleichzeitig sanft und wild. Die Leidenschaft, welche Jo selber in die Erfüllung seiner Aufgabe einfließen ließ, war eine Überraschung für die junge Frau. Jackie war wie gefesselt, ließ sich in die starken Arme sinken, genoss die Verbindung, welche sich zwischen ihm und ihr entwickelte.

Während die beiden sich dem Augenblick hingaben, ließ Jana ihre Gedanken treiben.

Wie es schon bei ihrem Kuss mit Jackie dem beobachtenden Johannes ergangen war, der eine leichte Eifersucht darüber verspürt hatte, war es nun auch bei ihr selber. Sie beneidete den Umstand, dass die beiden einander so nahe waren.

Zwar hatte auch sie selber schon die Lippen der anderen Frau gekostet, weshalb sie das Vergnügen verstand, welches ihr Mann nun auch hatte. Doch eine Sache ging ihr seither nicht mehr aus dem Kopf. Es war ein Gedanke, der sich während ihres Kusses in ihr geregt hatte. Eine Idee welche, trotz all der gemeinsamen Spielabende mit Johannes, der andauernden Reize und der losgelösten Leidenschaft, ihr immer noch ein wenig Angst machte.

Seit sie ihren Mann vor etwas über neun Jahren kennengelernt hatte, und auch während der vierjährigen Krise, in welcher sie vieles versucht hatten um ihre Leidenschaft und das Vertrauen wieder zu stärken, hatte es eine Sache gegeben, welche Jana konsequent ausgeschlossen hatte. Eine Nacht zu dritt. Jo mit einer anderen zu teilen, war ihr immer als unmöglich erschienen.

Dennoch musste sie sich eingestehen, dass dieser Gedanke nun stark wurde. Sehr stark sogar.

Die Vorstellung einer Nacht zu dritt mit Jackie gefiel der exotischen Frau.

Es war ihr in dem Moment klar geworden, als sie sich ihr vorhin genähert hatte. Die Sanftheit des Kusses, das Spiel ihrer Zungen, die warme, leidenschaftliche Verbindung, welche der Kuss gebracht hatte. In diesem Moment war die Vorstellung plötzlich stärker geworden.

Ein leises Poltern riss Jana aus ihren Überlegungen. Amüsiert erkannte sie, dass Jo sich von Jackie zu Boden hatte drücken lassen.

Der Kuss der beiden war noch leidenschaftlicher, als jener, welchen sie mit Jackie erlebt hatte.

Aber diese Wirkung kannte sie auch nicht anders von ihrem Mann. Wann immer sie sich einander hingaben, reizte er sie immer so, dass sie schließlich die Zügel in die Hand nahm. Es war Johannes' Art, sich einer Frau willentlich zu unterwerfen.

Er genoss es sichtlich, dass Jackie dazu überging, den Verlauf des Kusses zu bestimmen.

Jana bemerkte, dass sie selber schmunzelte, während sie die beiden beobachtete. Es war ein seltsames Gefühl, Jo und Jackie dabei zu betrachten. Es gefiel ihr.

„Mal sehen.", sagte sie leise zu sich selber.

Der Abend war ja noch lang.

Ein aufkeimendes Hungergefühl hatte zu einer weiteren Unterbrechung des Abends geführt. Johannes hatte eine große Tiefkühlpizza in den Backofen geschoben. Auf der Kochinsel sitzend, betrachtete er durch die gläserne Ofenklappe die sich immer wieder hebenden und senkenden Blasen in der Käseschicht.

Seine Gedanken waren durcheinander.

Niemals hätte er gedacht, dass eine andere Frau sich mit Jana's Lippen würde messen können. Aber Jackie war eine wahrhaft meisterliche Küsserin.

Die zehn Minuten waren unglaublich gewesen.

Auch wenn sie von seiner Initiative überrascht gewesen war, sich anfangs von ihm hatte führen lassen, hatte Jackie schließlich rasch die Kontrolle übernommen. Genau wie bei Jana hatte es auch bei ihr nicht lange gedauert, bis Johannes' spielerisches Reizen sie dazu gebracht hatte, die Führung zu übernehmen.

Und genau das liebte er.

Sich führen zu lassen machte dem zweiunddrei-ßigjährigen Mann einfach Spaß. Zwar genoss er es ebenfalls, wenn er die Kontrolle hatte, die Frau sich ihm hingab und sich führen ließ. Aber wann immer er die Möglichkeit hatte, selber der zu sein, der sich unterordnete, wollte er dies auch nutzen.

Ein Geräusch riss ihn aus seinen Überlegungen.

„Na du?"

Jana kam in die Küche, trat vor ihn, und legte die Arme um Johannes.

Einen Augenblick lang sagte keiner der beiden ein Wort. Sie genossen den innigen Moment.

Schließlich brach Jana das Schweigen.

„Wie gefällt dir der Abend bisher?", fragte sie.

Johannes lächelte seine Frau an.

„Sehr gut.", erwiderte er. „Jackie ist ziemlich in-teressant. Und küssen kann sie."

„Da sagst du was.", gab Jana schmunzelnd zurück. Wieder trat ein wenig Schamesröte auf ihre Wangen.

Johannes betrachtete Jana eingehend. Er kannte ihre Angewohnheiten, und ihm war klar, dass sie etwas beschäftigte.

„Was geht dir durch deinen hübschen Kopf?"

Die dunklen Augen der exotischen Frau hoben sich, bis sie in Johannes' Augen blickten.

„Ich denke nur nach.", gab sie zurück.

„Und worüber?", hakte Jo nach.

Er wusste, dass er vielleicht keine Antwort erhalten würde. Aber fragen musste er einfach.

Schon seit dem Augenblick, an dem die beiden Frauen in der K-Bar aufeinandergetroffen waren, hatte er an Jana's Verhalten etwas bemerkt. Sie war irgendwie losgelöster, schien einfach zu strahlen. Zwar hatte er über die letzten zweieinhalb Monate schon öfter eine solche Verwandlung bei seiner Frau bemerkt, aber das waren meist Momente, die mit dem Spiel zu tun gehabt hatten. Und auch, wenn sie nun das Spiel zu dritt spielten, so war ihm die Veränderung schon vorher aufgefallen.

Und es hatte eindeutig mit Jackie zu tun.

Jana seufzte.

„Es ist nur eine Idee.", begann sie. „Aber es beschäftigt mich eben."

Johannes sagte nichts, bedeutete ihr aber mit einem Nicken, dass sie weiterreden könne.

„Erinnerst du dich an Mira?", fragte sie plötzlich.

„Deine Bekannte, die mit uns ..." Johannes unterbrach selber seine Ausführung. „Du meinst ..."

Der Blick in Jana's Augen zeigte, dass er mit seiner Vermutung richtig lag.

„Es ist nur ein Gedanke, wie gesagt.", erklärte Jana.

Ungläubig betrachtete Jo die exotische Frau vor sich.

In seiner Erinnerung sah er immer noch deutlich Jana's erschrockenen Blick, als ihre von den Philippinen stammende Bekannte damals bei ihnen gewesen war. Um ihre Probleme wissend, hatte Mira die Worte seiner Frau damals falsch interpretiert. Dies war ihnen aber erst klar geworden, als sie sich auszuziehen begonnen hatte.

Johannes hatte damals schnell interveniert, die Situation aufgeklärt. Aber den erschrockenen Blick seiner Frau, bezüglich Mira's Verhalten, hatte er nicht vergessen.

Und nun brachte Jana unvermittelt dasselbe Thema auf. Sie überlegte ganz offensichtlich wegen einer Nacht zu dritt. Dabei hatte sie dies bisher stets abgelehnt.

„Was meinst du?", fragte Jana. In ihrer Stimme schwang etwas wie Scham mit.

„Schatz, das kann ich nicht entscheiden.", gab Johannes zurück. „Das müsst ihr unter euch ausmachen."

Mit einem Lächeln drückte er seiner offensichtlich immer noch grübelnden Frau einen Kuss auf die Stirn.

Jana wusste, dass Johannes sicher nicht abgeneigt wäre. Aber eine andere Antwort hatte sie dennoch nicht wirklich erwartet. Dafür kannte sie ihren Mann zu gut.

Sie küsste ihn auf den Mund und löste ihre Umarmung.

„Pass auf, dass die Pizza nicht verbrennt." Ihre Stimme hatte unvermittelt wieder einen festeren Ton. „Wir haben Hunger."

„Ja, meine Herrin.", erwiderte er mit einem Lächeln.

Als sie die Küche verließ, dachte Jana immer noch nach.

Nicht wegen Jo's Worten. Die Tatsache, dass sie mit ihrer Überlegung zu ihm gegangen war, ihn offen gefragt hatte, war lediglich ein Mittel gewesen, seine Reaktion zu testen. Und dieser Test war tatsächlich so verlaufen, wie sie es erwartet hatte.

Jo hatte nichts dagegen. Er war ein Mann.

Es war der geheime Traum eines jeden Mannes, wenn er nicht homosexuell war, wenigstens einmal mit zwei Frauen zu schlafen. Und auch Johannes stellte da keine Ausnahme dar, wenngleich er es auch nicht auszusprechen wagte.

Aber was war mit Jackie? Würde sie mitmachen? Oder würde ein solcher Vorschlag die Beziehung zwischen ihnen verderben?

Jana ging zurück ins Wohnzimmer. Sie lehnte im Türrahmen, ließ ihren Blick wandern.

Jackie, die immer noch am Couchtisch saß, blickte sie fragend an.

„Dauert nicht mehr lange.", sagte Jana und setzte sich zu ihr.

Eine kurze Pause trat ein.

Die Filipina hing wieder an demselben Gedanken fest, wegen dem sie zu ihrem Mann in die Küche gegangen war. Wie würde Jackie wohl reagieren, wenn sie sie einfach fragte?

„Ist alles okay?", fragte Jackie. „Du wirkst irgendwie besorgt, Jana."

Diese schüttelte den Kopf.

Jackie drehte sich auf dem Sitzkissen zu ihr, blickte sie an.

„Falls es wegen Jo's Aufgabe ist ..."

„Nein, das war schon okay, Jackie.", gab Jana zurück. „Es war ja sein Wunsch, und zuvor hatten ja auch wir beide." Sie zwinkerte der Tätowiererin zu.

Diese nickte, sah sie aber dennoch weiterhin an.

„Also gibt es kein Problem?", fragte sie.

Der Blick, mit dem Jana sie dann anblickte, hatte wieder dieses seltsame Funkeln. Jackie lief erneut ein Schauder über den Rücken, und sie verspürte ein leichtes Kribbeln.

Ihre Augen wanderten zu den sanft geschwungenen Lippen der exotischen Frau. Die glitzernde Reflexion der Deckenbeleuchtung schien darauf zu tanzen, sie zu locken. Jackie verspürte das plötzliche Verlangen erneut diese Lippen zu küssen.

Einen Augenblick lang schien es ihr, als müsse sie dem Verlangen einfach nachgeben, aber sie hielt sich zurück. Bei dem Spiel hatte sie die Möglichkeit gehabt, aber nun hatten sie schließlich eine Pause eingelegt.

Sie war sich nicht sicher, wie Jana darauf reagieren würde.

„Woran denkst du gerade, Jackie?", fragte diese. Ein freches Lächeln umspielte ihre Lippen.

„An vorhin.", gab diese ehrlich zu. „Beim Spiel."

„Der Kuss?" Jana rutschte etwas näher.

Jackie nickte. Sie ließ erneut ihre Augen wandern.

Jana's Augen, dunkel und tiefgründig. Ihre karamellfarbene Haut, mit einem verlockend süßen Duft. Ihre Lippen, geschwungen, mit diesem lieblichen Lächeln.

„Willst du mich küssen?", fragte Jana neckisch, beinahe herausfordernd.

Jackie zögerte nur kurz.

Zärtlich, wie beim ersten Mal, das nur eine kurze Zeitspanne zurücklag, berührten sich die Lippen der Frauen. Diesmal jedoch ergriff Jana die Initiative, leckte sanft über die Lippen der anderen Frau. Erneut trafen sich ihre Zungen, spielten, neckten einander.

Jackie's Hand wanderte über Jana's Hüfte, streichelte sanft über den Stoff des Kleides.

Plötzlich spürte sie, wie Jana ihre Hand umschloss, sie an ihre Brust führte.

Überrascht blickte Jackie die exotische Frau an. Diese lächelte nur, hielt ihre Hand an ihre Brust gedrückt. Mit der freien Hand zog sie nun Jackie zu sich, küsste sie leidenschaftlich.

Wieder stellte die Dreiundzwanzigjährige fest, dass diese Jana anders war als jene, der sie das Phönix-Herz gestochen hatte. Sie war fordernder, leidenschaftlich und auf eine Art wild, die sie zuvor nicht gekannt hatte.

Wenngleich es für sie überraschend war, fand sie es auch gleichzeitig sehr aufregend.

Von Männern kannte sie dies bereits. Das Übernehmen der Führung, der Kontrolle. Es war eine Art Machtbeweis, von dem viele Männer scheinbar abhängig waren.

Doch bei Jana hatte Jackie ein anderes Gefühl. Von ihr ging eine Art Aura aus, die Jackie umfing und ihr ein Gefühl von Geborgenheit gab. Ein solches Empfinden hatte sie bisher lediglich bei Richard gehabt, und sie genoss es.

Jackie ließ es geschehen. Sie spürte, wie Jana sich langsam nach hinten sinken ließ und sie mit sich zog. Auf dem Boden liegend, die zärtlichen Berührungen und Küsse von Jana genießend, bemerkte sie, dass es ihr tatsächlich nach mehr verlangte. Mehr Nähe, mehr Leidenschaft.

Aber was wäre, wenn sie diesen Gedanken laut aussprach?

Schlimmstenfalls würde Jana es ablehnen, und der schöne Abend wäre vorbei. Schließlich erinnerte sich Jackie noch daran, wie Jana damals die Bemerkung über die sogenannten Menage-a-trois gemacht hatte. Dass es niemals in ihren Erwägungen gelegen hatte, Jo mit einer anderen Frau zu teilen.

Selbst wenn es frischen Wind in die festgefahrene Beziehungssituation mit Johannes gebracht hätte.

Plötzlich kam ihr eine Idee. Während des Spieles könnte sie diesen Vorschlag als Wunsch tarnen, der dann ja halt auch einfach abgelehnt werden könnte. Mit dieser Taktik würde sie sich zwar nicht weniger schlecht fühlen, aber es war ja ein Spiel. Und dieses würde trotzdem weitergehen.

Ein lautes Fluchen aus der Küche ließ Jackie und Jana in ihren leidenschaftlichen Liebkosungen innehalten.

„Verdammt! Heiß!"

Ein metallisch klingendes Klappern folgte diesem Ausruf.

Jana löste sich aus Jackie's Umarmung und erhob sich hastig. Dann eilte sie in die Richtung, aus welcher sie Johannes' Ausruf vernommen hatte.

Jackie blieb kurz am Boden liegen.

Ihr summte der Kopf. Es war ein Gefühl, als wenn irgendetwas versuchte, auszubrechen, sich zu befreien. Sie hatte diese Empfindungen schon früher gehabt, hauptsächlich in Gegenwart von Männern, welche ihr gefielen. Manchmal auch bei romantischen Abenden.

Es war ihr klar, was es auslöste. Die Gegenwart von Jana verursachte in der Tätowiererin ein unglaubliches Verlangen. Sie wusste, dass sie diesem Gefühl nachgeben musste, aber wartete noch auf den richtigen Moment.

Sich erhebend, um ebenfalls in die Küche zu gehen, murmelte sie leise: „Hoffentlich bekomme ich schnell die drei Punkte. Lange kann ich es nicht mehr zurückhalten."

Als sie in die Küche trat standen Jana und Johannes gemeinsam an der Spüle. Während er seine linke Hand unter den kühlenden Wasserstrahl hielt, stand seine Frau kichernd neben ihm.

„Du weißt doch, dass der Ofen heiß ist, Schatz."

Das freche Schmunzeln der beiden verriet, dass es sich offenbar nur um eine geringfügige Verletzung handelte.

„Ein bisschen Mitleid würde dennoch gut tun.", brummelte Jo, und stellte den Wasserhahn wieder aus. „Wenn ich nicht mehr würfeln kann, ist doch der ganze Spaß weg."

Er nahm sich ein Trockentuch und drehte sich zur Kochinsel um, auf welcher er das Ofenblech mit der dampfenden Pizza abgestellt hatte. Offensichtlich hatte der Zweiunddreißigjährige das Blech ohne Schutz ergriffen.

„Ich wollte schnell machen, da ihr beide hungrig seid.", fügte er entschuldigend hinzu.

Wieder lachte Jana, die Johannes' verbrühte Hand nahm und zärtlich küsste.

Jackie trat ebenfalls zu dem Leidenden und tat es der exotischen Frau gleich. Sie konnte die Resthitze der Verbrennung deutlich spüren.

Johannes betrachtete lächelnd die beiden Frauen, welche ihre Lippen auf seine linke Hand drückten. Das Gefühl der zärtlichen Berührungen war einfach schön.

Als Jana ihm noch vor einigen Minuten ihre Überlegung bezüglich des weiteren Vorgehens zwischen ihnen dreien offenbart hatte, hatte er ein mulmiges Gefühl gehabt. Zwar gefiel ihm der Gedanke an eine gemeinsame Nacht zu dritt, aber dieser plötzliche Wandel in seiner Frau war doch ein wenig überraschend gewesen.

Bislang hatte sie im Hinblick auf ihre Sexualität stets das traditionelle Paarverhalten gezeigt. Eine Frau, ein Mann.

Doch seit dem Beginn ihrer Spielabende hatte sich schon einiges an Jana verändert. Auch wenn es immer wieder überraschend war, hatte dieser Wandel einen sehr starken Reiz auf ihn ausgeübt. Nicht nur die immer wieder aufflammenden Schübe einer wilden Leidenschaft, sondern auch ihr früher eher zurückhaltendes Verhalten hatten sich in einer

Weise verändert, welche Jo als mehr als beeindru-ckend empfand.

Diese neue Frau an seiner Seite war stärker, schien hemmungsloser, gelöster zu sein.

Johannes musste sich eingestehen, dass er an-fangs ein wenig erschrocken gewesen war. Aber seit er sich dann auf Jana's neue Seite eingelassen hatte, sich von ihr bespielen ließ, hatte er festge-stellt, dass dies nur eine Seite an ihr war, welche sie bislang unterdrückt hatte. Doch ihr Spiel hatte sie schließlich befreit.

„Besser?", fragten beide Frauen schließlich. Gleichzeitig hatten sie die sanfte Behandlung seiner Hand abgeschlossen, blickten ihn an.

„Viel besser.", gab er zurück, und drückte beiden je einen Kuss auf die Stirn. „Lasst uns etwas essen, bevor wir weiterspielen." Mit diesen Worten trat er an die Kochinsel und begann die verlockend duften-de Pizza zu zerteilen.

Johannes spürte die Blicke der beiden Frauen in seinem Rücken. Er wusste, dass sie ihn betrachte-ten. Und er wusste, dass der Hunger, den sie alle ge-meinsam verspürten, nicht allein durch die Pizza gestillt werden würde.

Schon den ganzen Abend lang hatte er eine ganz besondere Energie bemerkt, welche sowohl von

Jana, als auch von Jackie ausging. Die beinahe greifbare Sehnsucht nach mehr, welche von den beiden Frauen ausgestrahlt wurde, würde über kurz oder lang gewiss zu etwas ganz Besonderem werden.

„Es ist angerichtet, meine Damen.", verkündete er und drehte sich wieder zu den Frauen um.

Wie erwartet hatten die beiden ihre Blicke nicht von ihm genommen.

Immer noch betrachtete Jana ihn mit dieser Mischung aus einem frechen, wilden Blick und offener Sehnsucht. Es war dieser Blick, den sie ihm immer dann zuwarf, wenn sie kurz vor einer neuen Woge der Lust war.

Doch auch in Jackie's Blick lag plötzlich etwas neues. Sie betrachtete Jo mit einer offenen Neugier, einem Interesse welches er bislang noch nicht wirklich bemerkt hatte. Irgendwie lag darin auch eine Art von Verlangen. Auch wenn es nur gering schien, so erkannte er es.

„Lecker.", murmelte Jackie und zuckte plötzlich erschrocken zusammen. Wieder trat die Röte der Scham auf ihre Wangen und sie richtete ihren Blick rasch auf die Pizza.

Jana, welche die Richtung des Blickes der anderen Frau durchaus bemerkt hatte, zwinkerte Jo zu.

„Das wollte ich auch gerade sagen.", bemerkte

sie und trat dicht an ihren Mann heran. Sie drückte ihm einen Kuss auf die linke Wange, und nahm sich dann ein Stück Pizza.

Während die drei ihren Hunger nach Nahrung stillten, schien jeder seinen Gedanken nachzuhängen. Neue Ideen kamen auf, welche sich auf das Spiel bezogen. Vorstellungen vom Ausleben von Wünschen. Phantasien und ihre Umsetzung. Bislang Verborgenes wurde in den Bereich des Möglichen verlegt, erweckte sehnsuchtsvolles Verlangen.

Keiner sprach etwas davon laut aus, doch an den verstohlenen Blicken war manches deutlich zu erkennen.

Die Würfel klapperten noch als der Becher in Jana's Hand auf dem Tisch zur Ruhe kam. Die Spannung des Spiels hatte die drei wieder erfasst.

Langsam hob die Filipina den Becher an, und ein Lächeln erhellte ihr Gesicht. Es war ihr erster Wurf dieser Runde, und sie hatte auf Anhieb einen Royal Flush erzielt. Ein höchstens durch einen Pasch zu schlagendes Ergebnis. Doch sowohl Jackie als auch Johannes hatten ihre drei Würfe bereits gehabt, und ihre Ergebnisse waren niedriger.

„Ich wünsche mir", begann Jana, welche nun den sechsten Punkt erwürfelt hatte. „dass Jo uns morgen das Frühstück ans Bett bringt." Ein verliebter Blick zu ihrem Mann begleitete ihre Worte.

„Das mach' ich doch gern.", erwiderte er und schenkte ihr ebenfalls einen liebevollen Blick. Er ahnte, was die zweite Hälfte ihres Wunsches sein könnte.

Dann atmete die exotische Frau tief durch und wandte sich Jackie zu.

Diese sah sie mit einem sehnsuchtsvollen Ausdruck in den Augen an, welcher das tief in Jana ruhende Verlangen weckte. Sie spürte genau, dass dies der Moment sein würde, an dem sich alles entscheiden würde. Sie wollte nicht mehr länger warten.

Noch einmal atmete sie tief durch, nahm dann Jackie's Hand.

„Ich möchte, dass du ..." Ihre Stimme versagte.

Es fiel ihr seltsam schwer, jene Worte auszusprechen, die ihr soviel bedeuteten. Sie wusste, dass sie es wollte, aber trotzdem schien etwas sie zu bremsen.

„Dass ich was?", fragte Jackie. Sie drückte sanft die Hand der anderen Frau. „Sag es, Jana!"

„Ich möchte, will, dass du heute ...", sie räusperte sich kurz. „Ich will, dass wir miteinander schlafen. Wir drei."

Jana spürte wie ihre Wangen sich erwärmten. Sie konnte tatsächlich fühlen, wie ihr Gesicht durch die ausgesprochenen Worte rot wurden. Das Gefühl, welches sich unmittelbar nach diesem Wunsch in ihr ausbreitete, war eine Mischung aus Scham und freudiger Hoffnung. Scham, da sie es wirklich ausgesprochen hatte. Und die Hoffnung auf jene Erwiderung, welche sie sich mehr als alles andere von Jackie wünschte.

Die Dreiundzwanzigjährige blickte sie wortlos an. Ihre Gedanken schienen zu schwanken.

Hatte sie das eben wirklich richtig verstanden? Hatte Jana wirklich um das gebeten, was ihr selber durch den Kopf gegangen war?

Sie öffnete ihre Lippen, aber nur ein sprachloses Flüstern drang daraus hervor.

Die angespannte Stille wurde lediglich durch die leise spielende Hi-Fi-Anlage gestört.

Schon vermutete Jana, dass Jackie kein Interesse haben würde. Ihre Gedanken versuchten hastig, einen anderen Wunsch zu formulieren. Aber nichts wollte ihr einfallen.

Plötzlich machte Jackie eine ruckartige Bewegung auf sie zu, drückte sie zu Boden und gab ihr einen langen Kuss auf die Lippen. Jana erwiderte die Zärtlichkeit, seufzte leise.

„Nichts lieber als das.", flüsterte Jackie hörbar. „Wenn es das ist, was du wünschst, Jana." Ein glückliches, verliebtes Lächeln begleitete diese Worte.

Jana nickte nur, ihre Augen nicht von denen der anderen Frau lösend. Auch ihre bebenden Lippen zeigten ein glückliches Lächeln.

Jackie hob den Kopf etwas an, blickte fragend zu Jo. Das Lächeln des Mannes zeigte, dass auch er einverstanden war.

Er erhob sich von seinem Sitzkissen, näherte sich den beiden Frauen, welche ihn lüstern und auffordernd angrinsten. Langsam ließ er sich neben ihnen niedersinken, betrachtete ihre strahlend lächelnden Gesichter.

Johannes hatte erkannt, dass dies offensichtlich genau das war, weswegen die beiden die ganze Zeit so angespannt gewesen waren. Sowohl Jana als auch Jackie hatten offensichtlich genau dasselbe gewollt. Aber keine von beiden hatte sich getraut, es offen anzusprechen. Doch Jana's Spiel hatte erneut seine Macht bewiesen, und die Spannung gelöst.

Und mit großer Wahrscheinlichkeit wäre Jackie's nächster Wunsch derselbe gewesen. Jana war ihr einfach nur zuvor gekommen.

„Was soll es denn zum Frühstück geben?", fragte er mit einem Lächeln.

Die Blicke, welche beide Frauen dem Mann zu-
warfen, zeigten ihm, dass ihnen jetzt nicht wirklich
nach diesem Thema zumute war. Für sie war ohne
jeden Zweifel die Durchführung des anderen Teils
von Jana's Wunsch viel wichtiger.

Jackie, die immer noch mit der Hüfte auf demsel-
ben Körperteil seiner Ehefrau lag, legte die Hand in
Jo's Nacken und zog ihn zu sich. Ihr leidenschaftli-
cher Kuss zeigte, dass ihr das Frühstück momentan
wirklich egal war.

Dann blickte er Jana an, und wiederholte seine
Frage bezüglich des Frühstücks.

Doch auch seine exotische Frau zog ihn wortlos
zu sich herab, schenkte ihm ebenfalls einen langen
Kuss. Ihre Augen glänzten, was Jo zeigte, dass nun
wirklich nicht die Zeit zum Reden war.

„Okay.", sagte er verstehend. „Dann entscheiden
wir das später spontan."

Epilog

Es war Mittwoch. Der Abend war hereingebrochen. Ein Abend wie so viele andere in diesen lauwarmen Spätsommernächten.

Inès Wartenstein saß auf dem Balkon ihrer geräumigen Vier-Zimmer-Wohnung. Sie betrachtete das Abendrot, welches die Sonne über den Himmel verteilte, während sie sich gemächlich dem Horizont näherte.

Der rotblonden Frau war langweilig.

In letzter Zeit war dies immer öfter der Fall. Zwar hatte es auch viele abwechslungsreiche Abende gegeben, aber die einundzwanzigjährige Frau verspürte trotzdem, dass ihr ihre frühere Tätigkeit fehlte. Wenngleich es keine bezahlte Arbeit war, so hatte sie dennoch immer viel Spaß daran gehabt.

Während sie an die Zeit zurückdachte, welche nun knapp ein halbes Jahr zurücklag, und an den Grund, weswegen sie sich daraus zurück gezogen hatte, empfand sie mehr und mehr das Verlangen, diese an sich unsinnige Entscheidung rückgängig zu machen.

Mehr Freizeit, sich mehr auf ihr Hobby, das Gitarrespielen zu fokussieren um ihre Gedanken und Gefühle zu ordnen. Es gefiel ihr, sich über die Musik auszudrücken. Aber trotzdem war es nicht dasselbe.

„Tja.", sagte Inés zu sich selbst. „Dann werde ich wohl mal aufbrechen."

Ihr Entschluss war gefasst.

Als sie das speziell eingerichtete Spielzimmer ihrer Wohnung betrat, umfing sie der vertraute Duft von Lack und Leder. Auch wenn sie ihn schon seit einigen Jahren kannte, und auch gerne privat in aufreizender Kleidung herumlief, war es für sie ein erhebendes Gefühl.

Sie trat an den massiven Kleiderschrank und öffnete die Tür. Ordentlich aufgehängt, und je nach ihrer Stimmung geordnet, hatten die Kleidungsstücke geduldig auf ihre Rückkehr gewartet.

Inés hatte immer geahnt, dass dieser Tag irgendwann kommen würde. Deshalb war sie auch von dem Gedanken abgewichen, das Zimmer umzufunktionieren. Der Gedanke an ein privates Musik-Studio war zwar einige Zeit reizvoll gewesen, doch sie zog es ohnehin vor, im städtischen Park zu musizieren.

Als sie sich für ein Kostüm entschieden, und es angezogen hatte, betrachtete sie sich in dem an der Tür befestigten großen Spiegel. Das silberne ärmellose Top, welches sie speziell für sich hatte anfertigen lassen, schimmerte leicht. Der hohe lederne Kragen, welcher ihren schlanken Hals umschloss, war mit einer stilisierten Katzensilhouette verziert, welche kunstfertig darin eingeätzt worden war. Der kurze dunkelblaue Lederrock wurde von einem breiten Gürtel gehalten, auf dessen Schnalle dieselbe Silhouette in Katzenform angebracht war.

Die rotblonde Frau drehte sich leicht zur Seite, betrachtete die übrige Kleidung, welche sie nun trug. Die schwarze Feinstrumpfhose, die kniehohen Lackstiefel mit den sechs Zentimeter hohen Absätzen, und die seidenen Armstulpen in dunklem Blau wirkten immer noch genauso reizvoll auf sie, wie damals.

Zufrieden mit ihrem Outfit setzte sie sich an den Schminktisch. Das passende MakeUp war wie immer schnell angelegt. Silbern schimmernder Lidschatten, schwarze Wimperntusche, Wangenrouge in sanftem Orange und dunkelblauer Lippenstift.

Wieder betrachtete sie sich eingehend. Ein zufriedenes Grinsen legte sich auf ihre Gesichtszüge.

„Einmal Lady, immer Lady."

Das ehemalige Industriegebiet lag in einem Außenbezirk der Stadt. Seit sieben Jahren offiziell verlassen, wurden nur noch wenige der Gebäude genutzt.

Die drei großen Lagerhallen dienten den städtischen Reinigungsfirmen als Stellplatz für Lastwagen, sowie als Lagerplatz für unterschiedlichste Güter. Unter anderem befand sich darin der für die Winterzeit vorgesehene Vorrat an Streusalz, der immer wieder akribisch überprüft und nachgefüllt wurde.

Auch wurden ein paar alte Werkstätten für Wartungsarbeiten weiterhin genutzt.

Inés hatte sich für die Fahrt zum Industriegebiet der öffentlichen Transportmittel bedient. Bereits der Weg zum Busbahnhof war für sie wieder ein sehr erhebendes Erlebnis gewesen. Genau wie früher hatte sie jede Menge Aufmerksamkeit auf sich gezogen. Unzählige Augenpaare hatten die aufreizend gekleidete Frau aufmerksam beobachtet.

Die einundzwanzigjährige Frau hatte sich einen langen Ledermantel mit angenähtem Pelzkragen um die Schultern gelegt. Mit ihren nun hochgesteckten Haaren wirkte sie zwar etwas älter, aber das machte ihr nichts aus.

Sie hatte jeden Moment der Fahrt genossen. Selbst die Annäherungsversuche einiger jugendlicher Passagiere im Bus hatten sie nicht weiter gestört, auch wenn sie jede Anmache abgelehnt hatte.

Zwar waren einige der Interessenten schon

recht angenehm, aber sie entsprachen nicht wirklich ihrer persönlichen Zielgruppe.

Nun lag ihr Ziel, eine ehemalige Serviceeinrichtung inmitten des Industriegebietes, mit einem angehängten weitläufigen und hohen Versammlungssaal, direkt vor ihr. Das große Gebäude wirkte beinahe unscheinbar. Von außen konnte niemand erkennen, was im Inneren vor sich ging. Durch die mit Brettern vernagelten Fenster war ein Einblick oder gar Eindringen unmöglich. Unzählige Graffitis zierten die Außenwände des Gebäudes.

Auch die nur über eine brüchige Betontreppe erreichbare Eingangstür, welche schief in den Angeln hing, wirkte nur wenig einladend. Ebenso der vor Unkraut wuchernde Parkplatz, auf dem immer noch einige Autowracks vor sich hin rosteten.

Mit sicherem Schritt steuerte sie auf die Eingangstür zu. Sie öffnete sie, und trat in den dahinter liegenden Gang, in dem augenblicklich die Beleuchtung anging.

Auch hier waren die Wände mit Graffitis verschmiert. Auf dem staubigen Boden türmten sich kleine Haufen von herabgefallenem Putz. Einige Fußspuren waren in dem Staub zu erkennen. Manche waren schon älter, konnten nur bei genauerem Hinsehen zu sehen. Aber auch frischere Spuren waren darunter.

Das leise Knirschen ihrer Schritte auf dem schmutzigen Boden ignorierend, schritt Inés den Gang entlang, bis zu einer völlig verdreckten und beschmierten Metalltür. Sie betätigte einen daneben angebrachten Schalter.

Sekunden später vernahm sie das Klicken mehrerer Schlösser, und die Tür wurde von innen geöffnet. Ein Mann im Anzug blickte sie durchdringend an, dann erhellte sich sein Gesicht.

„Lady May, willkommen zurück." Mit einer freundlichen Geste trat er von der Tür zurück, ließ die junge Frau hinein.

Er nahm ihr den Ledermantel ab, hängte ihn vorsichtig auf einen der bereitstehenden Garderobenständer, auf welchen bereits mehrere Kleidungsstücke auf ihre Besitzer warteten. Einige wirkten beinahe gewöhnlich, andere wiederum schienen zeitlich ein wenig deplatziert. Brokatgewänder, welche eher in die Zeit des Barocks gehörten, hingen neben modernen Anzugjacken und langen Mänteln.

Inés betrachtete die bereits aufgehängten Kleidungsstücke mit interessiertem Blick.

„Wie ich sehe, ist Felix im Hause.", stellte sie fest.

„Ja.", erwiderte der Pförtner höflich. „Er befindet

sich im großen Saal, an seinem Stammplatz."

Mit einem Nicken wandte sich die Frau der einzigen weiteren Tür zu. Sie ging einen Schritt darauf zu, wartete dann, bis der Pförtner ihr öffnete.

Der dahinter liegende Raum, welcher früher ein Wartezimmer gewesen war, wurde nur von wenigen an den Wänden angebrachten Lampen erleuchtet. Einige bequeme Sitzmöbel aus aufgepolstertem Leder dienten hier als Ruhemöglichkeit. Tatsächlich konnte die junge Frau die Umrisse einiger Leute in inniger Umarmung darauf erblicken.

Leise, gedämpfte Musik erfüllte die fast vollkommene Stille.

Inés schmunzelte, und bewegte sich beinahe lautlos über den dicken Perserteppich.

Eine weitere Tür öffnete sich, als sie sich ihr näherte. Sie betrat einen Saal, der früher zu Versammlungszwecken genutzt worden war. Große kristallene Leuchter hingen an massiven Stahlketten von der hohen Decke herab, erhellten den weitläufigen Raum.

Die heimgekehrte Lady ließ ihren Blick über das sich ihr bietende Geschehen streifen, nahm die unzähligen Eindrücke auf. Ein zufriedenes Lächeln legte sich auf ihr Gesicht. Was sie sah, erhellte augenblicklich ihre Stimmung. Genau das hatte ihr gefehlt.

Die anwesenden Leute waren in ihre eigenen Spiele vertieft, genossen die Verzückungen, welche sie einander bescherten. Dabei schenkten sie der sie umgebenden Szenerie nur selten Beachtung. Hin und wieder wurden zwar Blicke ausgetauscht, doch immer nur kurz.

Während Inés zwischen den von Leidenschaft und Lust gefangenen Menschen einherschritt, spürte sie erneut, dass ihre Entscheidung richtig gewesen war. Sie wollte wieder ein Teil der Szene sein, das Gefühl von Macht und Kontrolle empfinden.

Eine Frau in hautengem Lederkostüm, welches sehr knapp geschnitten war, und der Phantasie nur wenig Spielraum ließ, blickte auf, als sie Inés näher kommen sah. Sie erhob sich vom Rücken des Mannes, welcher ihr auf Knien und Ellbögen hockend als Sitzmöbel gedient hatte, und ging auf sie zu.

Freundschaftlich umarmten sich die beiden Frauen.

„Hallo, Jane!", grüßte Inés.

„Inés!", sagte die andere Frau. „Wie schön, dass du wieder mal hier bist. Beendest du deinen Ruhestand doch wieder?"

Sie blickten einander bewundernd an.

„Ja.", erwiderte Inés. „Mir ist langweilig geworden. Felix ist auch hier?"

Jane deutete in die Mitte des Saales, wo eine Wendeltreppe zu einem erhöhten Bereich führte.

„Er hat wie immer den Überblick." Die Frau im Lederkostüm schmunzelte. „Aber er ist nicht allein da oben. Du weißt schon."

Mit einem Nicken bestätigte Inés Jane's Hinweis.

Dann blickte sie zu dem immer noch an seinem Platz knienden Mann, auf dem Jane vorher gesessen hatte.

„Ein neues Spielzeug?", fragte sie neugierig.

„Ja.", gab Jane zu. „Noch recht frisch, aber schon richtig bequem." Sie blickte ebenfalls zu ihm. „Hat aber noch ein paar Flausen im Kopf."

„Das wirst du schon bald ändern, wie ich dich kenne.", erwiderte Inés und wandte sich zum Gehen.

„Viel Spaß da oben.", sagte Jane und ging wieder auf den Mann zu.

Inés setzte ihren Weg in Richtung der Treppe fort. Nur ab und zu blieb sie stehen, betrachtete die Spielenden in ihrem Treiben.

Sie spürte den aufsteigenden Reiz, endlich wieder selber einen Sub zu besitzen. Das Gefühl der vollen Kontrolle über eine andere Person war es, das ihr fehlte. Das Vergnügen, jemandem seine

Grenzen aufzuzeigen, und dabei dessen Begierde und Verlangen zu erwecken.

Sie bedauerte es, dass sie damals diesem Leben den Rücken gekehrt hatte. Der Grund für ihren Wunsch, die Szene zu verlassen, war der Verlust ihres Favoriten gewesen. Sie hatte zwar seine Bitte akzeptiert, ihn gehen zu lassen, und ihr entsprochen. Aber ohne ihn war es nicht mehr dasselbe gewesen.

Doch nun war sie wieder bereit, erneut als Lady zu arbeiten.

Alles was sie noch tun musste, war dies dem Hausherren mitzuteilen.

Sie wusste, dass Felix ihr keine Steine in den Weg legen würde. Das hatte er ihr damals mehrmals versichert gehabt. Trotzdem fühlte Inés die Nervosität in sich aufsteigen.

Mit jeder Stufe der Treppe, die zu Felix' persönlichen Spielzimmer hinaufführte, wuchs das kribbelnde Gefühl in ihr.

Oben angekommen wartete sie kurz an der Tür. Von der anderen Seite her konnte sie klatschende Geräusche und unterdrückte, lustvolle Schreie hören. Offensichtlich hatte der Hausherr tatsächlich Gesellschaft.

Vorsichtig klopfte sie an die stählerne Tür.

„Einen Augenblick." Die männliche Stimme schien ein wenig gereizt wegen der offensichtlich unerwarteten Störung.

Ein weiteres Klatschen war zu hören, dann Schritte, die sich der Tür näherten.

Das Gesicht des Mannes der dann die Tür öffnete, war erst finster, hellte sich aber sofort auf, als er erkannte, wer der Störenfried war.

„Darf ich eintreten?"

Die etwas mollige, noch sehr jugendlich wirkende Frau, welche Felix nach Inés Begrüßung von ihren Fesseln befreit hatte, kniete unterwürfig zu seinen Füßen. Die Gurte, welche als einzige Kleidung um ihren Körper geschlungen waren, zeigten deutliche Zeichen der Abnutzung. Diese Sub war schon länger im Besitz ihres Herren, was Inés augenblicklich erkannt hatte. Eine Unterwerfung bis zu diesem Level dauerte, das wusste sie.

„Darf ich annehmen", fragte Felix. „dass deine Anwesenheit deine Rückkehr bedeutet, Lady May?"

Wie immer achtete Felix auf die Anrede mit dem gewählten Namen. Er war einer der wenigen Doms, die diese Art der Interaktion mit Gleichgestellten einer freundschaftlichen Umgangsform vorzogen.

„So ist es, Master.", gab Inés zu und nickte höflich.

„Sehr schön." Felix blickte zu der neben ihm knienden Frau, die ihn wartend und voller Sehnsucht betrachtete. „Hol was zu trinken, Sklave!" Sein Ton war herrisch und ohne Zuneigung.

Sofort erhob sich die Angesprochene, lächelnd ob der Anweisung ihres Herren und ging mit kleinen Schritten zum Barschrank. Ihre verbundenen Fußschellen schienen sie nur wenig einzuschränken. Sie befüllte zwei bauchige Weingläser und trug sie zurück zu den Doms. Dann kniete sie sich wieder unterwürfig hin, schmiegte sich an Felix' Beine.

„Gut erzogen.", lobte Inés.

Mit einem Lächeln tätschelte Felix der jungen Frau den Kopf, die glücklich seufzte.

„Hast du denn schon jemanden in Aussicht?", fragte er Inés dann.

„Leider noch nicht.", gab diese zu. „Dürfte aber nicht lange dauern."

Mit einem freudigen Grinsen sagte der Mann: „Wenn du magst, kann ich dir die Wartezeit verkürzen." Er nahm einen Schluck Wein in den Mund und blickte dann die Frau zu seinen Füßen an. Diese senkte den Blick. Nickend schluckte Felix selbst den Wein herunter.

Dann sprach er weiter zu Inés: „Ich hab da einen

Jungen, knapp zwanzig. Der ist nicht das, was mir gefällt, weißt du. Läuft eher auf deiner Schiene."

„Also kein SM?"

„Leider nicht.", gab er zurück. „Zu zart besaitet. Aber schon fast unterwürfig. Den kannst du haben, wenn du magst."

Als Inés lächelnd nickte, versprach Felix, die Dokumente für die Übergabe vorzubereiten.

„Das wäre dann schon ein Anfang.", sagte die einundzwanzigjährige Frau zufrieden.

„Ich hätte noch was dazu.", grinste Felix.

Neugierig blickte Inés ihn an.

„Vor kurzem trat ein Bekannter an mich heran.", berichtete er. „Den kenn' ich von früher, ist ein netter Kerl. Verheiratet, zwei Kinder, erfolgreicher Abteilungsleiter. Irgendwas mit Computerzeug."

Inés nickte.

„Und der sucht eine FemDom?", fragte sie.

Felix schüttelte den Kopf, und nahm wieder einen Schluck Wein. Diesmal richtete die Sub sich etwas auf, woraufhin Felix seinen Kopf über sie neigte. Er ließ ein paar Tropfen des Weines aus seinem Mund in ihren laufen.

„Der Mann ist verheiratet.", führte er dann seinen Bericht fort, während die Sub sich wieder an seine Knie schmiegte. „Es gab Probleme in der Ehe.

Er hatte einen Ausrutscher, und dann hat es über Jahre gekriselt. Aber vor knapp vier Monaten haben sie das bewältigt."

Wieder nickte Inés.

„Kommt selten vor.", sagte sie. „Wenn es jahrelang Probleme gibt, trennen sich doch die meisten?"

„Da war aber die Liebe größer.", erklärte Felix. „Sie haben alles Mögliche versucht, aber ohne wirklichen Erfolg."

„Und was führte sie wieder zusammen?"

Felix grinste.

„Ein Spiel, das seine Frau sich ausdachte.", erklärte er. „Irgendwas mit Würfeln und Aufgaben."

„Klingt beinahe wie eine Lady.", stellte Inés aufmerksam fest.

Nun nickte der Mann.

„Seh' ich auch so.", stimmte er zu. „Deswegen hat mich ihr Mann auch angesprochen."

Die Einundzwanzigjährige überlegte. Wenn Felix auf das hinaus wollte, woran sie bei seinen Worten dachte, wollte er ihr einiges an Verantwortung übertragen. Der Gedanke gefiel ihr.

„Also soll ich die ausbilden?", fragte sie.

Er nickte.

„Genau das ist seine Bitte gewesen.", erklärte Felix mit einem Nicken. „Ihm ist aufgefallen, dass es ihr Spaß macht, die Führung zu übernehmen. Und er hat mich gefragt, ob es nicht eine Möglichkeit gibt, dass sie unser Handwerk lernen könnte."

„Warum übernimmst du sie nicht selber, Master?", fragte Inés interessiert.

Dieser zuckte mit den Schultern.

„Ich kenne ihn.", sagte er. „Und sie habe ich damals auch ein paar Mal getroffen. Sie ist definitiv eher BD als SM."

Bei diesen Worten blickte er wieder zu seiner Sub und verpasste ihr einen Schlag auf die Wange. Nicht wirklich hart, aber die junge Frau blickte ihn dennoch fragend an. Als sie jedoch sein Lächeln sah, schmiegte sie sich wieder an seine Beine und lächelte vergnügt.

Inés verstand, worauf Felix mit seiner Anmerkung hinaus wollte. Tatsächlich war seine Vorliebe für Schläge und Schmerzen eher dem Bereich des SM, des Sadismus und Masochismus zuzuordnen. Auch wenn er hin und wieder Phasen hatte, in denen er auch sanft und zart sein konnte, überwog dennoch der harte Teil bei ihm.

Sie selber zog meist sanfte Formen der Disziplinierung vor. Fesselung und Ignorieren waren mehr nach Inés' Geschmack. Einem Sub ihre Aufmerksamkeit zu geben, und ihm diese bei ungebührlichem Verhalten wieder zu entziehen. Das war ihre Methode, ihre Untergebenen zu zügeln.

„Und wie ist sie so drauf gewesen damals?", fragte sie. „Was ist sie für ein Typ?"

Mit einem zufriedenen Grinsen stieß Felix seine Sub von sich.

„Auf deinen Platz!", sagte er und streckte sich.

Die junge Frau blickte ihn ein wenig traurig an, begab sich dann aber gehorsam und auf allen Vieren in eine Ecke des Raumes. Dort kniete sie sich auf ein Kissen und senkte den Blick, wartete auf neue Anordnungen ihres Herren.

„Nun", begann Felix. „also, sie ist ziemlich exotisch. Gemischte Eltern eben. Soweit ich mich erinnere war sie auch ziemlich schüchtern." Er zwinkerte Inés zu, da er wusste, dass sie Exoten immer bevorzugt hatte.

Sie nickte zustimmend. Auch ihr damaliger Favorit war ein Ausländer gewesen, hatte lateinamerikanisches Blut in den Adern. Sein Temperament und seine Leidenschaft hatten ihn rasch zu Inés' absolutem Liebling gemacht.

Dies war auch der Grund gewesen, dass sie seine Bitte um die Entlassung aus ihrem Vertrag akzeptiert hatte. Auch wenn der Verlust sie sehr geschmerzt hatte, so war es Inés wichtig gewesen, dass er glücklich wurde.

Felix fuhr fort.

„Sie hat sich auch schnell anpassen können.", erzählte er. „Also sollte es keine Probleme zwischen euch geben. Ich denke also, dass du aus ihr eine gute Lady machen könntest."

Die Einundzwanzigjährige nickte verstehend.

Der Gedanke daran, wieder eine Lady zu sein, und sogar einer anderen Frau die Vorzüge und Freuden dieser Tätigkeit nahe zu bringen, gefiel ihr. Und dass Felix ihr einen seiner Subs überantworten würde, half ihr auch wieder beim Einstieg. Zwar zweifelte sie nicht daran, dass sie auch selber schnell wieder eine unterwürfige Person für sich vereinnahmen würde können, aber es war ein Anfang.

In ihrer Phantasie sah sie auch die junge Frau, welche sie vor einiger Zeit in einer Karaoke-Bar getroffen hatte. Diese Jackie hatte Feuer, und Mut hatte sie auch gezeigt. Der Kuss, den die beiden geteilt hatten, war Inés immer noch in Erinnerung.

Aber sie zweifelte an der Überlegung, ob sich Jackie als Sub eignen würde? Schließlich hatte sie den Kuss von sich aus gestartet. Inés Ausstrahlung und Auftreten hatten nur den Ausschlag gegeben.

Dennoch gefiel ihr die Vorstellung, dass diese

Frau sich ihr eventuell eines Tages unterwerfen könnte.

Felix blickte sie wartend an. Er wusste, dass Lady May, wie Inés sich selber nannte, soeben ihre Möglichkeiten abwägte. Ihr Blick war zwar auf ihn gerichtet, aber er sah auch die Bewegung ihrer Finger. Es wirkte, als würde sie mit der rechten Hand die Saiten einer Gitarre zupfen, was bei ihr stets konzentriertes Nachdenken anzeigte.

Als sich ein Lächeln auf Inés' Gesichtszüge legte wusste Felix, dass sie ihre Entscheidung getroffen hatte.

„Ich nehme sie.", sagte Inés zustimmend. „Und wie ist ihr Name?"

„Sie heißt Jana Alonzo-Wagner."

Ende des zweiten Teils

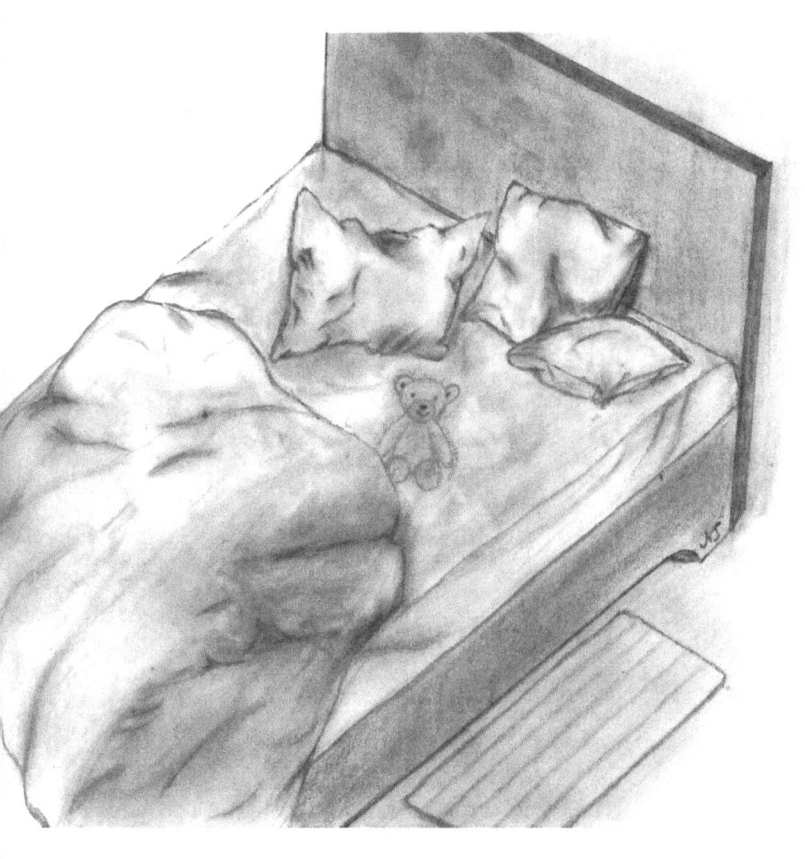

Danksagung

Wie schon bei meinem Erstlingswerk will ich diese Seiten nun nutzen, um all jenen meinen aufrichtigen Dank auszusprechen, die mir bei der Schaffung von „Das Verlangen der Lotosblume" geholfen haben. Sei deren Unterstützung dabei nun direkt oder auch nur indirekt gewesen.

Der erste Dank ist selbstverständlich wieder an die Mitarbeiter der tredition GmbH gerichtet. Vielen Dank für die tolle Arbeit und den stets hilfreichen Service.

Auch an meine Arbeitskollegen geht wieder ein großes Dankeschön. Denn auch diesmal nutzte ich Eure Anwesenheit und Euer Gehör wieder, um einige Überlegungen bezüglich der Handlung kund zu tun. Und es hat mir wieder geholfen.

Ein besonderes Dankeswort geht an Silvia N., deren Zeichnungen diesem Buch ein ganz eigenes Flair geben. Und sie sind wunderschön!

Für den Entwurf der Zeichnung für das Cover dieses Buches geht mein Dank an den Künstler mit Namen „Major Williams". Die Lotosblume ist einfach fantastisch geworden!

Ich danke auch erneut meiner Partnerin Kathrina, die leider immer noch viel zu weit von mir entfernt ist. Immer wieder sind meine Gedanken bei ihr, und ich weiß, dass wir unser gemeinsames Ziel erreichen werden.

Der nächste Dank geht auch wieder an meine Eltern. Die Gespräche mit ihnen sind mir stets ein Quell der Zuversicht und geben mir Kraft.

Dann geht noch ein ganz liebes Danke an Maggy. Sie ist ein treuer Fan und eine ganz besondere Frau, die mir mit ihren tollen Ideen und Vorschlägen eine große Hilfe beim Schreiben war.

Selbstverständlich geht auch erneut ein Wort des Dankes an die philippinische Sängerin Josephine, deren Musik und Gesang erneut sehr inspirierend war, und meine Kreativität förderte. Schade nur, dass meine Versuche einer Kontaktaufnahme vergeblich blieben. Ich hätte gerne einige ihrer Texte richtig mit eingebaut.

Und ein ganz besonderes Dankeschön geht auch wieder an Sie, verehrte Leserin und verehrter Leser. Ich verneige mich voller Dankbarkeit vor Ihnen!

Bisher veröffentlichte Werke von Andy Lyebhart

Das Phönix-Herz - neu entflammte Leidenschaft
ISBN (Paperback): 978-3-347-07400-1

Zeitfracht Medien GmbH
Ferdinand-Jühlke-Straße 7
99095 Erfurt, Deutschland
produktsicherheit@kolibri360.de